AF450362

DES PRINCIPES

DES NÉGOCIATIONS.

DES PRINCIPES
DES NÉGOCIATIONS,

POUR SERVIR D'INTRODUCTION

AU DROIT PUBLIC

DE L'EUROPE,

FONDÉ SUR LES TRAITÉS.

..... *Humanis quæ sit fiducia rebus admonet. Æneid. L. X.*

Par M. l'Abbé de MABLY.

A LA HAIE.

M. DCC. LVII.

TABLE
DES
CHAPITRES.

Fin de la Table des Chapitres.

DES

DES PRINCIPES
DES NEGOCIATIONS,
POUR SERVIR D'INTRODUCTION
AU DROIT PUBLIC
DE L'EUROPE,
FONDÉ SUR LES TRAITÉS.

CHAPITRE PREMIER.

*Origine des négociations. Des évene-
mens qui ont contribué à lier toutes
les puiſſances de l'Europe par une
correſpondance réciproque. Objet des
négociations.*

A PEINE les ſociétés furent-el-
les formées, à peine jouirent-elles
de quelque calme au-dedans, que
ceſſant de s'occuper d'elles-mêmes,
elles jetterent les yeux ſur leurs voiſins, eurent de la jalouſie ſi elles les
trouverent dans un état floriſſant, les

A

mépriferent s'ils leur parurent foibles, & voulurent les piller ou les affervir : de-là les premieres guerres. Comme les hommes en fe réuniffant en fociété, n'avoient, à proprement parler, formé qu'une ligue défenfive contre la violence, il étoit naturel que les Peuplades les moins fortes fe réuniffent encore pour s'oppofer à celles qui vouloient abufer de la fupériorité que leur donnoient leurs forces : telle eft l'origine des premieres négociations.

Mais pourquoi remontai-je au premier âge du monde ? Ce qui s'eft paffé dans notre Europe moderne indique affez ce qui a dû arriver chez les premiers hommes ; d'ailleurs ce tableau feul eft en droit de nous intéreffer, & il fuffit pour nous inftruire.

Depuis la décadence de la maifon de Charlemagne jufqu'au temps que Charles VIII, Roi de France, paffa en Italie pour faire valoir les droits que la maifon, d'Anjou dont il étoit héritier, lui avoit donnés fur le Royaume de Naples, les différentes nations de l'Europe n'eurent prefque

aucune relation entre elles. Plongées
dans la plus extrême barbarie, & fans
ceffe occupées de leurs défordres domeftiques, les affaires de leurs voifins
leur étoient étrangères, & fi l'Angleterre eut des intérêts prefque continuels à démêler avec la Couronne
de France, c'eft que fes Rois poffé-
doient en-deçà de la mer des fiefs plus
confidérables que leur Royaume même. L'Europe n'étoit peuplée que de
foldats; Seigneurs, Nobles, Bourgeois,
Serfs, tout étoit obligé de porter les
armes ; le courage étoit la feule qualité eftimée, & cependant aucune nation n'étoit propre à être conquérante. La fouveraineté dont chaque
feigneur jouiffoit dans fes terres en
vertu des loix féodales, les guerres
privées de la Nobleffe, & les privilè-
ges des *Communes* qui faifoient en
quelque forte de chaque ville une République indépendante, ne permettoient pas de réunir en une maffe les
forces divifées d'un état, ni d'avoir
par conféquent des idées fyftématiques
& fuivies au dehors. L'indépendance

A ij

dés soldats empêchoit de les assujettir à cette discipline austère, qui fait le salut & la gloire des armées. La briéveté du service auquel les vassaux & les sujets étoient tenus, interdisoit toute entreprise longue & importante; après avoir gagné une bataille, il étoit impossible d'en profiter en poursuivant ses avantages.

Les révolutions que chaque nation éprouva chez elle-même, changerent la face de l'Europe. Les Allemands, instruits par les maux que leur causoit l'anarchie, commencerent à ne plus haïr le nom de loi; la Bulle d'Or fut publiée, & ils s'assujettirent à de certaines règles, qui, en se perfectionnant, devoient allier à la fois la puissance des Empereurs & la liberté des Princes de l'Empire. L'Espagne, de son côté, sortant de l'oppression où l'avoient tenue les Maures, ne fut plus partagée en autant de Royaumes ennemis les uns des autres, qu'elle compte de provinces; & la Castille & l'Arragon enfin unis par le mariage de Ferdinand & d'Isabelle, formerent au - delà des Pyrénées une puissance redoutable, tandis que Charles VIII succédoit en France à des Rois, qui ayant mis à profit l'inconsidération, la légéreté & les jalousies de tous les ordres de leur nation, s'étoient emparés peu-à-peu de toute la puissance publique.

Les Princes, plus grands parce que leurs sujets étoient plus petits, eurent une trop grande fortune pour en jouir avec modération. Sentir ses forces, c'est être tenté d'en abuser ; & l'ambition devoit être d'autant plus entreprenante que les mœurs sauvages du temps ne permettoient pas de penser qu'il y eût d'autre gloire à acquérir que celle des armes, & qu'aucun état ne se doutoit ni des vices de son gouvernement, ni de la foiblesse qui en est la suite nécessaire. D'ailleurs il importoit à l'autorité encore mal affermie des Princes, d'occuper par des guerres étrangères des sujets oisifs, courageux, qui n'avoient presque aucun de nos besoins frivoles, & qui se souvenant de l'in-

A iij

dépendance de leurs pères, n'étoient pas difposés à obéir.

Quand Charles VIII entreprit la conquête de Naples, l'Italie étoit une image de ce qu'eft aujourd'hui l'Europe. Deux puiffances, la Cour de Rome & la République de Venife, s'en difputoient la domination. Les Rois de Naples, les Ducs de Milan & les Florentins, peu d'accord entr'eux, & tour-à-tour leurs alliés ou leurs ennemis, fuivant que fembloient l'exiger tour-à-tour des conjonctures différentes, ne travailloient qu'à s'emparer de quelque Place à la faveur des divifions. Les autres états laffés d'une guerre toujours conduite, interrompue & recommencée mal à propos, défiroient inutilement la paix, &, en ne fongeant qu'à conferver leur liberté, fe laiffoient emporter par le torrent des affaires, & étoient toujours à la veille d'être envahis par leurs ennemis ou par leurs alliés.

Les uns avoient vu avec plaifir les François dans leur pays, & fe flat-

terent de s'en faire des protecteurs.
Les autres, malgré la légereté avec
laquelle Charles avoit oublié tous ses
projets de conquête après avoir gagné la bataille de Fornoue, pour rentrer, en fuyant, dans ses états, n'é-
toient point rassurés contre son ambition, & craignant une seconde in-
vasion de la part d'un peuple con-
fiant qui commençoit la guerre sans
s'y préparer, n'écouterent que leur
ressentiment contre une puissance qui
vouloit leur arracher leur proie. Les
Italiens, sans prévoir le danger auquel ils s'exposoient, communique-
rent leur inquiétude, leurs craintes &
leurs espérances à quelques Princes
jaloux des succès ruineux de la France, & les affaires de quatre nations
puissantes se trouverent dès-lors mêlées. L'Italie en faisant des efforts
inutiles pour chasser les *Barbares* &
les ruiner les uns par les autres, avoit
déja autant de maîtres qu'elle avoit
d'alliés. Louis XII s'opiniâtra à la
conquête du Royaume de Naples &
du Milanès, sans avoir les forces né-

ceffaires à une auffi grande entreprife. Ferdinand , Roi d'Arragon , le
trompoit en lui donnant de fauffes
efpérances , & n'avoit d'autre deffein
que d'épuifer les François, en fe fer-
vant de leurs forces pour s'agrandir;
tandis que l'Empereur Maximilien
toujours ennemi du repos , fomentoit
des divifions , & fe flattoit que les
troubles de l'Italie la rameneroient
fous le pouvoir de l'Empire. Les
Ambaffades jufqu'alors fort rares fe
multiplierent ; il n'y eut bientôt de
toute part que des Miniftres publics
ou des Envoyés fecrets qui entame-
rent , fuivirent & conclurent des négociations, qui font autant de preuves
que la politique n'étoit alors qu'un
mélange informe de paffions & de
vues également groffières.

L'ambition de la France fixée fur
l'Italie, n'avoit inquiété que Maximilien & Ferdinand ; & le refte de
l'Europe ne prenoit encore aucun intérêt au fort des Italiens , lorfque
Charles-Quint fut élevé fur le trône
de l'Empire. Ce Prince avoit hérité

des états de la maison de Bourgogne, il étoit Roi d'Espagne, possédoit de grandes provinces en Allemagne, le Royaume de Naples en
Italie; & l'Amérique, en lui prodi-
guant ses richesses, sembloit lui rendre faciles les plus grandes entreprises. S'il n'étoit pas capable de se faire
un systême général d'aggrandissement,
de mettre de l'ordre dans ses projets,
& de ramener toutes ses démarches à
un objet unique, il avoit du moins
l'art de conduire chaque affaire en
particulier avec une adresse jusqu'a-
lors inconnue, & qui lui a valu la
réputation d'être le plus grand homme de son siécle. En voyant les divisions des Princes, l'ignorance où
ils étoient de leurs intérêts, & les
ruses qui leur tenoient lieu de politique, il se crut destiné à les subjuguer.
Il regarda tous ses voisins comme autant d'ennemis, & voulut profiter à
la fois de tout ce que la fortune lui
offrit de favorable pour étendre ses
domaines. Plus Charles-Quint mon-
tra d'ambition, plus la crainte qu'il

inspiroit se répandit au loin. Des Princes qui avoient vu avec indifférence les entreprises de Louis XII & le courage inconsidéré de François I, commencerent à redouter le nouvel Empereur. A l'exception des Royaumes du Nord, encore trop occupés de leurs guerres particulieres pour contracter des alliances solides dans le Midi, & qui continuerent à faire un monde à part, toutes les autres puissances de l'Europe s'intéresserent aux querelles de la maison d'Autriche & de la France.

La politique lia enfin les affaires du Nord à celles du Midi, & le ministere du Cardinal de Richelieu est l'époque de cette révolution. Il succédoit à une administration extrêmement décriée. Marie de Médicis, pendant la minorité de son fils, & le Connétable de Luynes, qui avoit gouverné le Royaume après elle, étoient d'un caractère trop foible pour espérer d'affermir leur autorité au-dedans, si l'état ne jouissoit pas au dehors d'une paix profonde; & ils l'avoient en-

tretenue en achetant , par les complai-
fances les plus baffes, l'amitié de l'Efpagne & de la Cour de Vienne. Richelieu vit d'un autre œil les cabales
de quelques grands , dont l'ambition
expirante extorquoit des graces que
le gouvernement avoit la mal-habileté
de ne donner à regret qu'à ceux qui fe
faifoient craindre. Dur , haut , hardi,
entreprennant & ambitieux , il voulut dominer & fe faire refpecter. Pour
occuper l'Europe de lui , & plier à
fes ordres un maître foible & foup-
çonneux, dont il manioit l'au torité , il
n'imagina point d'autre moyen que de
lui fufciter au-dehors des affaires dont
la grandeur l'étonnât , & qu'il fût incapable de débrouiller.

Mais la France n'avoit plus d'autre allié fur qui elle pût compter, que
les Provinces-Unies, dont la trève de
douze ans avec l'Efpagne étoit expirée en 1621. L'Angleterre obéif-
foit à Jacques I, peu propre par fa
timidité & fon irréfolution à s'affo-
cier aux entreprifes de Richelieu. Les
Princes d'Italie n'ofoient prendre au-

A vj

cune confiance aux promeſſes de la France, qui depuis la mort d'Henri IV les avoit en quelque ſorte abandonnés à la diſcrétion des Eſpagnols. La conduite molle de Marie de Médicis dans l'affaire de la ſucceſſion de Cleves & de Juliers, n'avoit pas moins éloigné les Princes de l'Empire de l'alliance des François ; & le traité d'Ulm conclu ſous la médiation de Louis XIII, en achevant de ruiner le parti & les eſpérances de l'Electeur Palatin, élu Roi de Bohême, avoit réduit l'Allemagne à n'oſer pas tenter de ſecouer le joug de l'Empereur Ferdinand qu'elle déteſtoit.

Richelieu fut donc forcé de chercher des alliés dans le Nord. Heureuſement pour lui la Suède avoit enfin pris l'aſcendant ſur ſes ennemis, & Guſtave-Adolphe pour mieux leur impoſer, en augmentant encore ſa réputation & ſa puiſſance, ſaiſit l'occaſion de porter ſes armes dans l'Empire. Il s'allia étroitement avec la France, & à la tête d'une armée toujours victorieuſe, ſe déclara le protecteur de tous les Princes qui vouloient être libres. On sçait quelle influence les couronnes du Nord eurent dès ce moment dans les affaires du Midi ; des intérêts de commerce multiplierent des liaisons que l'ambition avoit commencées ; & les guerres de la Suède, de la Pologne, de la Russie & du Dannemarc n'offrirent plus un spectacle indifférent à la politique des François & des Espagnols.

C'est l'ambition, c'est l'avarice, c'est la crainte qui ont obligé toutes les nations à se rechercher mutuellement, & à se demander, se refuser ou s'accorder des secours ; & ce sont encore les mêmes passions qui dirigent leur commerce, & qui les portent à entretenir les unes chez les autres des Ambassadeurs ou des Envoyés ordinaires, chargés d'examiner tout ce qui se passe, de découvrir les secrets qu'on veut leur cacher, & de travailler sans cesse à faire entrer dans les vues de leur maître la puissance auprès de laquelle ils résident.

Depuis plus de deux siècles nous

voyons en Europe deux puiſſances dominantes & rivales, qui ſe croient deſtinées à ſubjuguer les autres , & qui, en donnant le mouvement à toutes les affaires , ne jouiſſent de leur fortune qu'autant qu'elles travaillent à l'accroître. Ces malheurs ne ſont pas prêts à finir. Occupées à ſe nuire mutuellement , dans l'eſpérance de triompher enfin l'une de l'autre, & de ſubjuguer enſuite-ſans peine les autres états, elles recherchent l'amitié de quelques alliés dont elles ſe défient , qu'elles n'aiment point , & qu'elles veulent tromper. Ceux qui ſont aſſez puiſſans pous oſer prendre part à leurs querelles , & ſe flatter de s'agrandir à leurs dépens , mettent leurs ſecours à l'enchère, & les vendent au plus offrant, tandis que des Princes qui forment une troiſième claſſe, & trop foibles pour avoir des projets ſuivis de fortune & d'aggrandiſſement, ne cherchent qu'à ſe tenir éloignés de l'orage, ou s'y expoſent témérairement.

Quand l'Europe paroît dans le cal-

me le plus grand, le cabinet des politiques eſt encore agité ſourdement
par les haines & les autres paſſions na-
tionales, qui craignent quelquefois de
ſe montrer, mais qui ne ceſſent jamais
d'agir. On tâte les diſpoſitions de ſes
alliés, on veut leur communiquer ſes
eſpérances & ſes craintes. On tra-
vaille à diviſer ſes ennemis, on fait
naître des ſoupçons. Si quelques puiſſances négligent leurs intérêts par
ignorance, ou ſi une pareſſe létargi-
que engourdit leurs forces, la fer-
mentation des eſprits augmente,& on
ne forme que des projets pour les accabler. Dans cette poſition, quel eſt
l'état qui médite une grande fortune,
ou ſeulement occupé de ſa conſerva-
tion, qui n'ait pas beſoin d'obſerver
les mouvemens des paſſions, & de négocier, c'eſt-à-dire, de ſe ménager
des alliés & leurs ſecours, de prévoir
les deſſeins de ſes ennemis, de prévenir leurs démarches, ou de s'oppoſer à leurs manœuvres ? Cette ſorte
de confiance par laquelle on ne comp-
teroit que ſur ſes propres forces, ſe-

roit néceſſairement accompagnée d'u-
né ſtupidité, d'un orgueil ou d'une
dureté, ſimptômes ſûrs d'une décadence prochaine. C'eſt aux négociations à préparer le ſuccès qu'on attend de ſes forces, en les multipliant
par des alliances, à concilier des
amis, à procurer un appui à la foibleſſe, & à manier de telle ſorte les
eſprits, qu'ils ne ſoient ni jaloux de
notre proſpérité, ni tentés de nous
abandonner dans l'adverſité.

CHAPITRE II.

*Pourquoi la ſcience des négociations
a fait peu de progrès en Europe.
Quels en ſont les principes fondamentaux.*

Louis XII fut ami ou ennemi, au
hazard, de tous ceux qui lui offroient
leur alliance, ou contre qui on lui
propoſoit de faire des hoſtilités. A
peine avoit-il commencé la guerre,

que touché des maux que souffroit
son peuple , il recherchoit la paix;
mais ce sentiment d'humanité ne du-
roit pas long-temps , & il vouloit
toujours reprendre les armes , soit
parce qu'il n'avoit jamais conclu que
des traités infructueux & mal assu-
rés , soit parce que se flattant de s'ê-
tre éclairé par ses fautes , il espéroit
d'être plus heureux. Mais l'expérience ne fait point un grand homme d'un
homme né avec des talens médiocres ; & les négociations de Louis
toujours vues en petit , & relatives à
quelque objet particulier & passager,
au-lieu d'embrasser en entier toute
son entreprise , rendoient inutiles ses
forces & même le succès de ses armes.

Une pareille conduite de la part
d'un Prince qui étoit à la tête de toutes les affaires , imprima d'autant plus
aisément le même caractère de foiblesse , d'incertitude & de bisarrerie
à la politique des Cours avec lesquelles il traitoit, qu'elles se trouvoient
dans un ordre de choses tout nou-

veau, manquoient d'expérience, &
plus encore du génie qui y supplée.
Comme on avoit de l'ambition avant
que d'avoir appris à la regler & à la
conduire, on se livra inconsidérément
à ses impressions. Toutes les puissances étoient agitées, sans qu'aucune
d'elles eût pu dire précisement ce
qu'elle demandoit. Comme on n'a-
voit rien prévu ; qu'on n'agissoit que
relativement à des circonstances ou à
des événemens mobiles & passagers,
& qu'on ne pouvoit par conséquent
rien finir, on ne faisoit qu'ébaucher
sans cesse de nouvelles entreprises.
Pour réparer ses fautes, il falloit recourir aux expédiens les plus extraordinaires ; ils ne réparoient rien,
& les révolutions en se succédant ra-
pidement les unes aux autres, pro-
duisoient encore de nouvelles craintes, de nouvelles espérances, de
nouveaux projets, de nouvelles négociations & de nouveaux engagemens aussi inutiles que les premiers.
De-là des succès dûs au seul hazard,
des affaires terminées par impuissance

de les pourſuivre , & tous les man-
quemens de foi qui déshonorent ce
ſiècle, où l'on fut aſſez effronté pour
tirer vanité de ſes perfidies. Si Louis
XII ſe plaignoit que le Roi d'Ara-
gon l'eût trompé trois fois; *L'yvrogne
en a menti , répondoit Ferdinand , je
l'ai trompé plus de dix.*

La conduite de Charles-Quint inſ-
truiſit l'Europe. Sans être plus honnête homme que Ferdinand , il mit
plus d'honnêteté dans ſa politique,
parce qu'il étoit plus habile. Il penſa,
comme Machiavel , qu'une perfidie
peut être quelquefois utile , mais qu'u-
ne mauvaiſe réputation eſt toujours
dangereuſe. Les alliances formées
contre ce Prince , furent plus ſolides,
parce qu'il ſuivoit lui-même ſes deſſeins avec plus de conſtance qu'on
n'avoit encore fait. On commença à
tracer des plans plus ſuivis, on s'arrêta
moins au moment préſent , on porta
ſa vue dans l'avenir , on entrevit ſes
vrais intérêts. L'Angleterre comprit
qu'il ne falloit pas laiſſer accabler la
France , quoiqu'elle fût accoutumée

à la regarder comme son ennemie ; & la France sentit combien il lui importoit de défendre la liberté des Princes de l'Empire. On chercha à se faire de nouveaux alliés, on les ménagea avec plus de soin. François I négocia à Constantinople & à Stokholm ; Charles-Quint à Coppenhague & à Varsovie. En un mot les relations entre les Cours furent d'autant plus fréquentes, que les Princes étant accablés sous le poids de grandes entreprises qu'ils méditoient, il falloit qu'ils suppléassent à leurs forces par l'adresse.

L'art de négocier n'étoit cependant encore que l'art d'intriguer. Les conseils des Princes au lieu de conduire les négociations par les grands principes qui en font une science qui augmente ou affermit la grandeur des états, se contentoient de prendre, suivant la différence des conjonctures, les formes différentes qu'ils jugeoient les plus propres à faciliter le succès de chaque affaire en particulier ; & la politique par-là toujours occupée de

petits détails & sans vues générales,
bien loin de se rendre maîtresse de la
fortune, étoit obligée d'obéir à tous
ses caprices, & souvent se repentoit
de ses succès mêmes. Après deux siècles d'expérience, nous ne sommes pas
aujourd'hui plus habiles ; n'en soyons
pas surpris, la constitution de nos
gouvernemens s'oppose aux progrès
de la science des négociations. Quelques Princes & quelques Ministres
dignes de leur place, ont mis, il est
vrai, leur nation sur la bonne voie,
mais leur conduite n'a instruit personne. Tantôt leurs successeurs ont été
incapables de pénétrer la profondeur
de leurs vues, & tantôt conduits par
leurs seules passions, ils ont plus agi
pour leur avantage particulier, que
pour le bien de l'état. Ce n'est que
dans des Républiques bien consti-
tuées où le plus grand mérite est sûr
d'obtenir les plus grands emplois,
que les lumières s'augmentent, se
communiquent & se conservent in-
violablement. Quand le hazard ou
l'intrigue placent les hommes, le ha-

zard ou l'intrigue doivent les gouverner.

Si on regarde l'art de négocier
comme un moyen de faire réuſſir
telle ou telle affaire en particulier ;
la politique n'a aucune règle à prefcrire aux négociateurs. Toute conduite peut être bonne , toute conduite peut être mauvaiſe , & il ne feroit pas en effet difficile de citer cent
fautes & cent traits de prudence qui
ont produit un effet tout contraire à
celui qu'on en devoit raiſonnablement
attendre. Mais , quand on conſidere
les négociations comme un moyen
général qu'un état emploie ou pour
aggrandir ſa fortune , ou pour la conſerver ; ſi on examine comment la
politique doit s'en ſervir pour diriger la maſſe entiere des affaires , &
traiter avec les étrangers de façon
qu'il en réſulte un avantage général,
durable & permanent ; on commence
à découvrir des principes qui ſont
autant des guides ſûrs dans tous les
temps & dans toutes les circonſtances. On verra que toutes les négo-

ciations d'une puiſſance doivent être entrepriſes & conduites relativement à ſon intérêt fondamental. N'étant l'ouvrage que d'un ſeul ſyſtême, elles doivent tendre néceſſairement à une même fin. On négociera ſans fruit, ſi on n'établit pas une juſte proportion entre cette fin qu'on ſe propoſe & les principes de ſon gouvernement. Ce n'eſt pas tout encore ; comme il ſeroit bien plus flatteur pour l'orgueil des hommes de commander que de perſuader, & qu'ainſi on ne négocie qu'autant qu'on ſent une certaine impuiſſance à faire ce qu'on deſire ; il en réſulte que les négociations, faites par leur nature pour ſuppléer à la force, doivent l'aider dans ſes entrepriſes, mais ne peuvent point en tenir la place ; c'eſt-à-dire, qu'une puiſſance ne négociera utilement, qu'autant qu'elle aura la ſageſſe de ne former que des entrepriſes au-deſſous de ſes forces.

Chaque état tient de ſes loix, de ſes mœurs & de ſa poſition topographique, une manière d'être qui lui eſt propre, & qui décide seule de ses vrais intérêts. Et s'y conformant, il s'agrandit, se conserve, ou retarde sa ruine, suivant qu'il est constitué pour s'accroître, se conserver ou ne pas subsister long-temps. Si l'objet qu'il se propose dans ses négociations, est contraire à cet intérêt fondamental, il demeure, malgré tous ses efforts & quelques succès passagers, dans l'impuissance de franchir l'intervalle qui le sépare de la fin qu'il veut atteindre. Il s'affoiblit, il s'épuise, & rien ne peut réparer les torts qu'il se fait à lui-même.

Que le Conseil qui gouverne les affaires étrangeres d'une nation, ne lie pas par un fil systématique toutes ses opérations les unes aux autres pour les diriger au même but ; il sera bientôt forcé d'obéir aux événemens. Chacun de ses Agens pourroit réussir en particulier dans la négociation dont il est chargé, & il ne résulteroit de tous ces succès qu'un cahos d'affaires impossible à débrouiller. L'avantage qu'on auroit obtenu hier nuiroit

nuiroit à celui qu'on veut obtenir aujourd'hui. Toutes les vues fe contra-
rieroient, & ce Confeil toujours occupé à fe repentir de ce qu'il aura fait,
n'agira encore que pour multiplier
fes embarras.

En n'agiffant pas d'une manière
analogue & proportionnée à la nature
de fon gouvernement, on eft obligé,
foit dans les fuccès, foit dans les revers, de recourir à des moyens extraordinaires qui ébranlent fa conftitution. Quand un état fe fait une habitude de forcer fes refforts, il lui
eft impoffible de fe conduire par des
règles fixes. Il fe déforme néceffairement, & n'ayant dès-lors aucune
confiftance, comment feroit-il capable, je ne dis pas d'exécuter de grandes chofes, mais d'éviter le mépris
de fes voifins ? Seroit-il poffible que
les peuples mêmes les plus intéreffés
à fa confervation ou à fa gloire, fuffent préparés à avoir pour lui cette
eftime & cette confiance qui commencent les liaifons, & qui facili-
tent bien plus furement le fuccès des

négociations , que ne le peut faire la conduite la plus artificieuse des Ambaſſadeurs ? Non ſans doute ; & cette premiere faute jette infailliblement dans la faute encore plus grande de former des projets au-deſſus de ſes forces : dès-lors tout ce qu'on eſpere d'avantageux de ſes négociations , ne ſert qu'à cacher le précipice dont on approche.

Les Romains ſeront toujours nos maîtres en matière de politique. Avec quelle prudence ces hommes deſtinés par chacune de leurs inſtitutions à conquérir le monde , mais plus ſages encore que courageux , n'éviterent-ils pas d'avoir deux affaires à la fois ? Étoient-ils occupés contre un ennemi ? ils ſçavoient ne pas voir l'injure qu'on leur faiſoit , & ils attendoient , pour ſe venger , qu'ils puſſent le faire ſans effort. Plus ils vouloient étendre leur empire , plus ils ſentoient la néceſſité de ménager leurs forces. Rome , en un mot , ne déploya jamais pour faire des conquêtes , les reſſources dont elle étonna Annibal

qui étoit à fes portes, & qui la menaçoit de fa ruine.

Combien de fois les plus grandes
puiſſances ne font-elles pas rentrées,
par une conduite contraire, dans le
rang des puiſſances les plus fubalter-
nes ? car on n'eſt puiſſant qu'autant
qu'on eſt fupérieur à fes entreprifes.
Elles paroiſſoient accablées fous le
poids des affaires. Leur attention partagée fur pluſieurs objets différens,
n'en faiſiſſoit aucun dans fon entier.
Plus elles ofoient entreprendre de
chofes difficiles pour réparer leurs
pertes, plus elles les multiplioient,
en perdant encore leur réputation.
Leur adreſſe à négocier, leurs rufes,
leurs promeſſes ne pouvoient pas raf-
furer des alliés plus fages qu'elles,
& qui étoient effrayés de leur imprudence ou revoltés contre leur témérité ; & bientôt la fituation forcée
& contrainte où elles fe trouvoient,
éloignoit & féparoit de leurs intérêts ceux qui avoient eu l'imbécillité
de fe laiſſer tromper par de fauffes
efpérances.

B ij

Je n'ignore pas que quelques Princes ambitieux se sont rendus célébres, précisément parce qu'ils ont
forcé tous les ressorts de leur gouvernement, & n'ont formé que des
entreprises au-dessus de leurs forces ;
mais je sçais aussi toute la différence
qu'il y a entre le vertige d'un con-
quérant qui ne veut qu'étonner &
faire du bruit, sans songer à ce que
deviendra son Royaume après lui,
& la politique réfléchie d'un état, qui,
en étendant sa domination, veut l'affermir. Un Prince né avec les qualités que nous nommons héroïques,
peut élever pendant quelques momens sa nation au-dessus d'elle-même ; il peut lui communiquer une
vigueur inconnue, à peu près comme
la fiévre chaude donne des forces à
un moribond, mais à sa mort, sa
nation épuisée ne sent que sa foiblef-
se. Suspecte à tous ses alliés, enne-
nemie de tous ses voisins, il ne lui
manque qu'un second héros pour
achever de la ruiner, & un grand
homme dans ces circonstances a bien

de la peine à rémédier à quelques-
uns des maux qu'a produits un amour
infensé de la gloire.

On ne peut donner aucune règle
pour la fortune d'un Prince, parce
qu'elle ne dépend souvent que d'un
hazard heureux. Une circonstance particuliere suffit quelquefois pour
rendre brillant tout le regne d'un
prince médiocre. Mais la fortune
d'une nation embraffe au contraire
une longue fuite de fiècles, dès-lors
elle ne peut point dépendre de quelques hazards rares & extraordinaires,
& n'eft jamais que l'ouvrage d'une
conduite fyftématique.

Si je ne me fuis point trompé dans
mes réflexions, chaque puiffance de
l'Europe dòit donc, fuivant la différence de fes forces, de fes lois politiques, & de la pofition de fes
provinces, fe faire une manière différente de négocier, ou de traiter
avec les étrangers. L'une échoueroit
en fuivant les principes qui feront la
profpérité de l'autre. Et c'eft de cet
examen que doivent réfulter les pre-
miéres règles. B iij

CHAPITRE III.

Que la puissance dominante de l'Europe ne doit pas espérer de s'agrandir par le secours des négociations, quand elle voudra faire des conquêtes sur ses voisins.

QUAND les peuples de l'Europe commencerent à avoir une police moins barbare que celle des Fiefs, qu'ils entretinrent des corps de milice toujours subsistans, & qu'ils auroient pu acquérir les qualités nécessaires à une nation conquérante, il arriva deux événemens mémorables, qui devoient diminuer leurs forces militaires, & rendre la paix plus nécessaire à leur bonheur.

Je veux parler de la découverte de l'Amérique par les Espagnols, & de la navigation des Portugais aux Indes orientales en doublant le cap de Bonne-Esperance. Les richesses que le nouveau monde nous prodigua;

& les délices superflues de l'Asie dont l'Europe fut en même temps innondée, y introduisirent sur le champ un luxe dont les progrès rapides donnerent à nos peres mille nouveaux besoins, encouragerent les arts encore grossiers, & en créerent mille nouveaux qu'ils perfectionnerent.

Le changement survenu dans les mœurs produisit une révolution dans la politique. Les Princes se hâterent de favoriser le luxe & le commerce, qui rendoient leur Cour plus brillante, & augmentoient le produit de leurs douannes. On navigua dans toutes les mers ; on établit des comptoirs dans toutes les parties du monde ; on fonda des colonies. Il fallut consacrer aux manufactures & au commerce un nombre prodigieux d'hommes qui auroient été soldats ; & le génie militaire ne subsista plus que dans les Grands qui aspiroient à commander les armées, ou dans une Noblesse oisive pendant la paix, qui avoit besoin d'une solde pour subsister, ou qui espéroit de faire fortune en pillant à la guerre. L'Europe, en un mot, changea tellement de face, que les peuples qui, faute d'induſtrie ou par une ſuite de leur poſition, ne devinrent pas commerçans, ſe trouverent dans une pauvreté qui leur rendoit impraticable toute entrepriſe au dehors, & furent forcés, en ſe louant aux Princes qui les payoient le mieux, de faire un trafic de leur courage & de leur ſang. L'argent devint le nerf de la guerre & de la politique ; & il fallut qu'une nation qui vouloit être conquérante, fût commerçante, pour être en état d'entretenir des armées.

Qui ne croiroit que les puiſſances de l'Europe apprivoiſées par un nouvel eſprit de paix qu'inſpire le commerce, ne ſe fuſſent bornées à s'enrichir, à jouir voluptueuſement de leur fortune, & à mettre tout au plus leurs poſſeſſions en état de défenſe? Sans doute que ſi les peuples avoient été leurs propres légiſlateurs, leur politique auroit été conforme à leurs nouvelles paſſions. Mais les Princes qui les gouvernoient, se trouvant plus riches que leurs prédécesseurs, se crurent aussi plus puissans. Ils ne comprirent pas que le luxe qui amollit le courage, qui avilit les artisans, qui dépeuple les campagnes, avoit affoibli leurs forces & leurs ressources militaires, que l'argent qui leur fournissoit des armées composées d'hommes pris au hazard dans la lie du peuple, ne leur donnoit pas des soldats propres à conquérir des provinces ; & leur ambition aveugle se conduisit par des principes contradictoires.

Doutera t-on que la passion de la guerre ne dût être dès-lors la cause de la décadence d'un état, & le commerce la source de sa prospérité, si on compare la fortune de l'Angleterre à celle de la Maison d'Autriche ? Henri VIII ne laissa à ses successeurs qu'une partie de l'isle Britannique & l'Irlande, & Charles-Quint partagea entre les siens de vastes provinces, d'où il sembloit dominer sur le reste de l'Europe. Philippe II a les efpérances, la politique & l'ambition de fon pere : Élizabeth au contraire réfifte aux invitations artificieufes que lui fait ce Prince, de prendre part aux guerres civiles que l'ambition & le fanatifme avoient allumées en France ; & elle arrête le courage des Anglois, qui n'étoient que trop naturellement portés à croire qu'il étoit de leur honneur de rentrer dans l'ancien patrimoine de leurs Rois. L'un fatigue & trouble l'Europe par fes éternelles négociations ; il ne médite que de grands projets de guerre ; fes armées font toujours en mouvement: il croit déja regner fur fes voifins; & cependant il lui eft impoffible de ramener fous le joug quelques-unes de fes provinces qui fe révoltent contre lui. L'autre fait du commerce le principal objet de fa politique. Les Anglois naviguerent aux Indes orientales, formerent des établiffemens en Amérique & fur les côtes d'Afrique; ils apprirent à faire valoir les richeffes de leur ifle ; & à mefure qu'ils les multiplient par leur induftrie, ils fe

font plus refpecter par les étrangers.

Tandis que les Rois d'Efpagne &
les Empereurs continuerent à faire la
guerre pour s'étendre, l'Angleterre
obéit à un Prince qui ne fut occupé
que des querelles des Théologiens,
& que la vue d'une épée nue faifoit
évanouir. Le courage des Princes
Autrichiens épuife leurs états ; & la
timidité de Jacques I, qui le rendit
perfonnellement méprifable , entretient dans fon Royaume une paix
dont fes fujets profitent pour étendre
encore & faire fleurir leur commerce.
Malgré les divifions domeftiques dont
le regne de Charles I avoit été agité,
Cromwel eft déja l'arbitre entre la
France & la Maifon d'Autriche. Cet
homme fait pour gouverner , ne fe
fert des forces de l'Angleterre , que
pour favorifer l'induftrie qui les avoit
produites ; & quand Charles II remonte enfin fur le trône de fes peres , il ne tient qu'à lui d'occuper
dans l'Europe une place que les Princes Autrichiens feroient bientôt obli-

gés d'abandonner, & de devenir une des deux puiſſances dominantes.

On ne peut examiner la ſituation actuelle de l'Europe, & ne pas remarquer que les raiſons qui défendoient à Charles-Quint & à ſes ſucceſſeurs de vouloir être conquérans, ne ſe ſoient beaucoup multipliées depuis un ſiècle. Comme la guerre en troublant le commerce, tariſſoit les reſſources de l'induſtrie, & ruinoit les finances d'un état, tandis que les Princes n'obtenoient par leurs armes que de petits avantages qu'ils avoient cependant achetés avec des dépenſes immenſes; les ſubſides ordinaires qu'ils levoient ſur leurs ſujets, ne ſuffirent plus à leur ambition. Ils voulurent établir de nouveaux impôts, on murmura. Ils mépriſerent d'abord les plaintes; mais craignant enfin un ſoulevement général, ils eurent recours à une opération pernicieuſe de finance: ils firent des emprunts conſidérables; & faute d'économie & de prévoyance, on ne ſongea point à amortir pendant la paix les dettes occaſionnées par la guerre.

En examinant la conduite des Romains, je vois que jamais ils n'ont fait une guerre, qu'elle n'ait rendu au tréſor public les fonds néceſſaires pour en commencer une nouvelle, & qu'enrichiſſant même les ſoldats qui avoient part au butin, elle portoit l'abondance chez tous les citoyens : voilà un peuple à qui il eſt permis d'être ambitieux. Mais par une ſuite de notre ſituation préſente, la guerre n'eſt aujourd'hui avantageuſe qu'aux Munitionnaires des armées & à quelques Officiers qui penſent comme eux. Chaque campagne groſſit les dettes de l'état. L'imprudence de nos peres nous a chargés d'un fardeau difficile à ſupporter, & notre ambition rendroit certaine la ruine de notre poſtérité.

Si on recherche avec ſoin tous les maux qu'a produits cette mauvaiſe geſtion des finances, le poids accablant des impôts ordinaires, la miſere du peuple, le luxe des riches, l'aviliſſement des mœurs publiques, l'engourdiſſement du commerce, la ruine de l'agriculture qui eſt l'ame de tout ; ne ſera-t-on pas juſtement étonné que les Princes croyent avoir encore entre leurs mains des inſtrumens propres à ſervir leur ambition ? Dans cet état de foibleſſe dont tout les avertiſſoit, il ſemble qu'ils auroient dû ménager leurs forces avec plus d'économie ; & cependant on vit l'Europe, vers le milieu du dernier ſiècle, ſe piquer ſubitement de faire de plus grandes entrepriſes & à plus grands frais qu'elle n'avoit encore fait.

Juſqu'alors les états les plus puiſſans n'avoient eu que des armées peu nombreuſes. Le Cardinal de Richelieu croyoit (a) qu'il ſuffiſoit à la France d'entretenir ſur pied quarante mille hommes d'infanterie, quatre mille chevaux, & d'avoir un corps de milice compoſé de ſoixante mille hommes toujours prêts à ſe raſſembler & à marcher au premier ordre.

(a) Teſtament politique, chap. IX. ſect. 4. 2e. partie.

Le Duc de Rohan penſoit que la plus grande armée ne devoit pas être de plus de quarante mille hommes ; & M. de Turenne avouoit que le commandement de trente mille commençoit à l'embarraſſer. Sans doute que ces Capitaines ont eu des ſucceſſeurs d'une plus vaſte capacité. On leur confia des armées une ou deux fois plus nombreuſes. Il y eut une ſorte d'émulation entre les puiſſances à qui auroit le plus de ſoldats ; mais cette bouffiſſure, qu'on me pardonne cette expreſſion, n'annonce qu'une nouvelle maladie, & une défaillance prochaine.

Si de grandes armées font un grand tort à la population, elles affoibliſſent donc un état;& ſurement l'Europe eſt encore moins peuplée qu'elle ne l'étoit il y a un ſiècle. Ce grand nombre de ſoldats oiſifs qu'on entretient par vanité pendant la paix, n'eſt donc propre qu'à donner une confiance diſproportionnée à ſes forces réelles, & à rendre les recrues plus difficiles pendant la guerre. Il y a un ſiècle qu'avec de petites armées on

exécutoit des entreprifes importantes ; une conquête pouvoit n'être pas
achetée tropche r ement par les frais
de la guerre. Avec nos grandes armées , il faudroit aujourd'hui conquérir des Royaumes entiers pour fe
dédommager des dépenfes de la
guerre. Les finances du Prince le
plus riche font épuifées en deux ou
trois campagnes. Quelque heureux
que foient d'abord les fuccès , ils deviennent prefque inutiles, parce que
tout manque pour en profiter en con-
tinuant la guerre avec vigueur. On
la fait mollement en attendant que la
néceffité contraigne à la fois les deux
partis à pofer les armes. Quelle puiffance feroit encore en état de foutenir une guerre de trente ans ? avec
nos armées innombrables , nos guerres trop courtes n'ont pas une certaine proportion avec nos paffions. On
fait la paix, tandis que l'aigreur & la
vengeance fubfiftent encore toutesen-
tieres dans les efprits , & avant que
l'ambition ait pu être corrigée par
une longue fuite d'expériences. Auffi

nos paix ne font-elles que des trèves paffageres ; & nos traités, au lieu de terminer les affaires, ne produifent fouvent que de nouvelles divifions.

Quelle que foit la puiffance qui fe trouve a la tête des affaires de l'Europe, croira-t-on, après ce que je viens de dire, qu'elle puiffe raifonnablement fe propofer de s'accroître par des conquêtes ? Quand la fupériorité de fes forces fur tous fes ennemis paroîtroit l'y autorifer, il feroit encore imprudent de le tenter. Si elle ne veut faire que des acquifitions médiocres, elle excite beaucoup de haine contre elle, & s'expofe à un grand danger pour un petit avantage. Si fon ambition eft auffi vafte que celle de la Maifon d'Autriche, elle échouera néceffairement ; parce que de grandes entreprifes demandent un plan fuivi de politique, fondé fur une longue fuite d'opérations qui eft impraticable avec les formes de gouvernement connues parmi nous. Il ne faut pas le déguifer: A l'exception de

Venise & des Suisses, où le Magistrat qui gouverne, est lui-même gouverné par l'esprit & les loix de la nation, de sorte que la même politique s'y perpétue aisément, aucun autre gouvernement n'est capable de suivre un projet de quelque étendue ; & je n'en excepte pas les nations les plus libres.

Le partage de la puissance publique n'est point fait en Angleterre avec les proportions nécessaires, pour donner à tout l'état un intérêt commun & une conduite constante à l'égard des étrangers. Dans le balancement perpétuel qui se fait entre le Prince qui veut étendre la prérogative royale, & ses sujets qui veulent conserver leur liberté ; au milieu des intrigues de quelques hommes ambitieux, qui, en feignant d'être attachés à un parti, ne tâchent en effet qu'à tourner les passions publiques à leur avantage particulier ; l'intérêt de la nation ne doit point être envisagé long-temps du même œil. Tour à tour le parti de la Cour & celui du peuple dominent dans les délibérations ; & chaque parti se conduit constamment par des principes contraires à ceux de la cabale qu'il a humiliée. De-là dans le corps de l'état des mouvemens souvent convulsifs, & cette politique toujours changeante, qui rend presque inutile aux Anglois la moitié de leurs forces. Les Suédois peu d'accord sur leur liberté, forment leur gouvernement, & ne sçavent point encore eux-mêmes ce qu'il deviendra ; tandis que les Polonois, dont la liberté mal entendue ne produit que des tyrans & des esclaves, assemblent des Diettes & délibérent sur leurs affaires ; mais sont incapables d'agir, parce qu'il leur est impossible de prendre une résolution.

Pour les états purement monarchiques, comme le Prince donne au gouvernement l'empreinte de son caractère, que la nation se conduit par ses lumieres, & se meut par ses passions, on sent que leur politique, nécessairement sujette à mille variations, ne peut pas suivre pendant long-temps un même objet.

Comment la puissance dominante portant en elle-même tant d'obstacles à l'accroissement de sa fortune, compteroit-elle donc sur sa supériorité pour asservir ses voisins ? Tandis que son ambition les effrayera, qu'elle ruinera ses forces en faisant des efforts pour les augmenter, qu'elle changera sans cesse de conduite & n'aura aucune règle constante, peut-elle se flatter de reparer tant de vices par le secours de ses négociations ? A force d'art elle trompera quelqu'un de ses ennemis, ou éblouira quelqu'un de ses alliés : mais ces accidens rares & passagers ne serviront tout au plus qu'à retarder sa perte.

CHAPITRE IV.

Comment la puissance dominante de l'Europe peut rendre ses négociations utiles à l'accroissement de sa fortune.

Avant que tous les peuples de l'Europe fussent liés par une correspondance continuelle, la puissance dominante pouvoit avoir un grand avantage dans ses négociations. Il étoit plus aisé de se surprendre les uns les autres, parce que les états n'avoient aucune alliance consacrée par l'habitude, qu'ils n'étoient point préparés à agir de concert, & que ne portant pas une vue générale sur les intérêts de l'Europe entiere, chacun d'eux n'étoit encore occupé que de ses voisins. Telle étoit la situation du monde que les Romains conquirent. Si la puissance dominante obtenoit alors un succès important, les nations prises au dépourvu, n'osoient former des ligues. Chacune ne voyoit que ſes ſeules forces ; & par conſéquent la puiſſance dominante pouvoit ſans peine affermir par ſes négociations les avantages qu'elle devoit à ſes forces.

Mais depuis que la face des affaires eſt changée, & que les états ont les uns chez les autres des Ambaſſadeurs ou des Envoyés ordinaires, c'eſt le propre de la puiſſance dominante de fixer ſur elle la principale attention, & d'exciter de la jalouſie & même de la haine. On ſe défie continuellement de ſes forces, & ſouvent de ſes bienfaits. Quoiqu'elle doive donc trouver beaucoup moins de facilité que les puiſſances d'un ordre inférieur, à nouer & conſommer ſes négociations, cependant il lui reſte encore un moyen d'en faire l'inſtrument de la plus grande fortune ; c'eſt quand la juſtice, la modération & la bienfaiſance ſeront l'ame de ſa politique. Qu'on n'imagine pas que je veuille débiter des lieux communs de morale, & que ſur les traces de

Platon ou de l'Abbé de St. Pierre, je m'égare dans des maximes qui ne font pas faites pour des êtres qui ont nos paſſions. Ma morale eſt ſi peu auſtere, que je ne demande pas pour lecteurs d'honnêtes gens, mais ſimplement des ambitieux qui faſſent quelque uſage de leur raiſon.

Ce n'eſt point parce que Lacédémone étoit la ville la plus puiſſante de la Grece, qu'elle parvint à y dominer, puiſque, malgré ſes forces & le courage de ſes citoyens, elle perdit ſon empire dès qu'elle voulut le conſerver par la violence. C'eſt parce que Lycurgue lui avoit appris à être juſte, à ne jamais faire la guerre pour étendre ſon territoire, & à ne ſe ſervir de ſes armes que pour le bien général de la Grece, & pour l'avantage particulier de ſes voiſins & des foibles qui étoient opprimés.

Les Spartiates, diſent les hiſtoriens, étoient continuellement occupés à calmer les diſſenſions domeſtiques de leurs voiſins, à punir les tyrans qui avoient uſurpé l'autorité dans leur patrie, & à terminer les querelles élevées entre deux villes. Leur médiation toujours offerte dans tous les besoins, & toujours favorable au bon ordre, à la justice & au bien public, acquit d'autant plus de crédit & de considération à Lacédémone, que toutes les autres Républiques se ressentant tour à tour de ses bienfaits, & ne pouvant être jalouses ni inquiétes d'une puissance qui leur étoit salutaire, aucune d'elles n'auroit osé refuser de se conduire par ses conseils. On s'accoutuma à obéir aux Spartiates, parce qu'il eût été insensé de ne pas respecter leur sagesse, leur justice & leur bienfaisance. Leur ville devint insensiblement, &, pour ainsi dire, malgré elle, la capitale de la Grece, & jouit sans contradiction du commandement de ses armées réunies.

J'offre un second exemple à la méditation des politiques. Qu'ils suivent les progrès de la fortune des Romains, & qu'ils en recherchent les causes. On verra une poignée d'esclaves &

de

brigands qui rend fon afyle la capitale & la maîtreffe du monde. Si ces hommes, d'abord odieux à leurs voifins par leurs violences, n'avoient enfin pris des mœurs, & fait de l'équité & de la modération la bafe de leur politique ; leur courage, leur liberté, leur difcipline militaire, leur amour de la patrie les euffent-ils empêchés de fe ruiner ? Ils auroient péri, comme bien d'autres peuples, fous l'effort des ennemis conjurés que leur ambition leur auroit faits, & ils n'auroient eu que l'avantage de s'enfevelir fous les ruines de leur patrie, plutôt que de recourir à la clémence du vainqueur. Les Romains ne fe flatterent point de pouvoir être injuftes & ambitieux impunément. Je ne fçais quel caractère de raifon, de jufteffe & de grandeur ils imprimerent à toutes leurs actions. Perfuadés, fur la foi des Augures & des oracles, qu'ils devoient être les maîtres du monde, ils ne crurent point qu'une auffi grande entreprife dût être conduite par les petits moyens d'une politique fubtile

C

& frauduleufe. Ils n'efpérerent pas que leurs Ambaffadeurs trouveroient partout des peuples affez ftupides pour fe laiffer perfuader qu'une République, qui n'auroit pas refpecté le droit des gens , qui auroit inquiété tous fes voifins, & fait tous les jours des guerres injuftes afin d'étendre fes domaines , aimoit la paix , n'avoit point d'ambition , & méritoit qu'on recherchât fon alliance , & qu'on s'empreffât de favorifer fes projets.

Quoique les Romains fiffent fans ceffe la guerre , ils furent cependant exacts à n'attaquer que les ennemis qui les avoient offenfés , & qui leur refuferent une jufte fatisfaction ; de forte qu'en faifant toujours des conquêtes, ils paroiffoient toujours fur la défenfive. Lorfqu'ils n'incorporerent pas les vaincus à leur nation , ils les traiterent avec la plus grande humanité; ils eurent l'art de paroître leurs amis & non pas leurs maîtres , en leur laiffant leurs ufages, leurs loix & leurs magiftrats. A force de les protéger , ils s'en firent des alliés qui n'eurent

qu'un même intérêt avec Rome, &
qui lui prêterent leurs forces pour augmenter ſa puiſſance.

Quand les armées des Romains
paſſerent les mers, leurs vertus en im-
poſerent encore aux étrangers, comme elles avoient impoſé aux Italiens.
Ils cacherent avec plus d'habileté encore leur ambition, & craignirent
d'effaroucher les peuples chez leſquels
ils portoient la guerre. La Grèce, dont
ils étoient les maîtres, ne ceſſoit de
louer leur déſintéreſſement, &, les re-
gardant comme les défenſeurs de ſa
liberté, croyoit qu'ils ne faiſoient la
guerre que pour affermir l'empire des
loix parmi les hommes, & les rendre
heureux. Pendant long-temps, en effet, la République parut plutôt vaincre pour l'avantage de ſes alliés que
pour le ſien. Elle ſe garda bien de
s'emparer de la dépouille des grandes
puiſſances qu'il lui importoit d'humilier ; & l'on vit avec admiration
un peuple vainqueur abandonner ſes
conquêtes, les partager entre des Rois
qui avoient été ſes auxiliaires, & ne

régner que par la reconnoissance que lui méritoient ses bienfaits.

Je l'avoue : la vertu dénuée de force ne passe que pour foiblesse, & un état qui ne se défendroit contre des voisins puissans, que par sa justice & par sa modération, seroit tôt ou tard opprimé. Mais quelque vicieux qu'on suppose les hommes, ils sont tels cependant, qu'ils donnent nécessairement leur confiance à la modération des Spartiates ou à la générosité des Romains, quand ces qualités sont accompagnées de la force & du courage, dont il est si rare de ne pas abuser. Ce sont alors les passions les plus naturelles au cœur humain qui concourent à faire naître cette confiance. Annibal, à qui l'avenir étoit présent, annonçoit inutilement quel seroit le terme de cette vertu que trop de prospérité corromproit ; en vain il voulut faire appercevoir le précipice où toutes les nations alloient tomber : l'avarice, la crainte ou l'espérance parloient dans les uns en faveur des Romains ; dans les autres

c'étoit la pareſſe, l'orgueil ou l'admiration. Annibal ne perſuada perſon-
ne : les Romains continuerent à trouver plus d'alliés qu'ils n'en avoient
beſoin pour accabler leurs ennemis.
On mendioit à l'envi leur amitié ; &
le dernier citoyen de Rome eût été
un excellent Ambaſſadeur de ſa République ; tant il falloit peu d'art pour
conduire des négociations que la ſageſſe d'une conduite générale avoit
rendues auſſi ſimples & auſſi faciles que
notre politique moderne par ſes petites
vues, ſes ruſes & ſes intrigues, a
compliqué les nôtres, & y a répandu
de difficulté.

Je ſçais que Philippe de Macédoine voulut aſſervir la Grèce, & l'aſſer-
vit en effet par le ſecours de ces négociations & de ces intrigues artifi-
cieuſes dont j'ai rendu compte dans
un (a) autre ouvrage. Mais ſi ce Prince renaiſſoit parmi nous ſur le trône
de la plus puiſſante monarchie, croit-
on qu'il ſe flattât de ſubjuguer encore

____

(a) Obſervations ſur les Grecs, liv. III.

l'Europe, en employant la même politique qui lui soumit la Grèce ? Avec beaucoup d'art à déguifer fes deffeins, & beaucoup d'habileté à préparer & à conduire fes opérations, il pouvoit entretenir chez fes voifins une affez longue illufion pour avoir le temps d'emporter deux ou trois places, & de gagner une ou deux batailles, d'où dépendoit la liberté des Grecs renfermés dans un pays étroit & peu étendu. Mais l'Europe eft un pays vafte, où l'on ne voit de tout côté que des frontières formées par des larges rivieres ou des montagnes inacceffibles, & couvertes de places fortes & propres à contenir des armées.

Charles-Quint & fon fils employerent dans leurs négociations, comme Philippe, tout ce qui eft le plus propre à féduire les hommes, c'eft-à-dire, le zèle pour la religion, la rufe, l'artifice, le menfonge & les apparences de la juftice & de la bonne foi. Ils prodiguerent comme lui l'argent ; ils corrompirent les Miniftres de leurs ennemis ; ils promirent , flatterent , menacerent ; ils firent des fermens & des traités , & s'en jouerent , felon qu'il importoit à leurs intérêts ; & cependant tout cet art fut perdu pour eux. C'eft que la conquête de l'Europe ne pouvant point être , comme celle de la Grèce , l'ouvrage prompt de quelques années , la politique des Princes Autrichiens devoit être dévoilée par leurs alliés & leurs ennemis avant que d'avoir produit fon effet ; & dès-lors elle leur devenoit auffi pernicieufe, qu'elle avoit été utile à Philippe pour conduire à fon terme une entreprife infiniment plus courte. Leur ambition & leur avidité démafquée fit naître plus de foupçons & de haines , que l'habileté de leurs Ambaffadeurs à tromper ne pouvoit infpirer de confiance.

Cette fageffe de Sparte & de Rome, où il femble que les hommes puiffent à peine atteindre , ne peut point être , je le fens , un modèle imité dans l'Europe. Les rivalités des peuples & les haines qu'ils ont contrac-

tées les uns contre les autres , la
manière impérieuse dont ces paſſions
les gouvernent, la molleſſe des mœurs
publiques , & le pouvoir arbitraire
établi preſque partout, ne permettent
pas que nous reprenions aujourd'hui
cette magnanimité que les Spartiates
& les Romains ne ſçurent pas conſerver. Un Socrate ſur le trône pourroit nous retracer quelques traits de
ce ſiècle d'or : mais nos gouvernemens modernes ſont incapables , comme on l'a vu , de ſe conduire pendant
long-temps par les mêmes principes.
On me demandera donc à quoi ſert
toute cette vaine théorie que je viens
d'expoſer. Je réponds que j'ai établi
une vérité propre, du moins, à décrier
les erreurs de ces écrivains politiques
qui ne comptent la vertu pour rien ,
qui croyent que l'art de régner eſt
l'art d'être un brigand à l'égard de
ſes voiſins , & qui, ſans ſonger que
la fraude eſt à la longue toujours pernicieuſe à un état puiſſant , recom-
mandent d'y avoir recours , parce
qu'elle a réuſſi dans quelques circonſ-

tances particulières. Ce n'eſt pas ma
faute, s'il eſt inutile de nous préſenter
les grandes vérités. Ce que je viens
de dire ne changera pas ſans doute
la face de l'Europe ; mais nous aurons une règle pour juger de la bonté
des opérations que fera la puiſſance
dominante. Peut-être même, & j'oſe
l'eſpérer, que mes réflexions perſua-
deront quelque homme, qui parve-
nant un jour au gouvernement des
affaires, n'y auroit apporté que les
préjugés communs, & qui, conduit
aucontraire par des maximes puiſées
dans les ſources les plus pures, fera
pendant quelques inſtans le bonheur
de ſa nation en ne troublant pas celui de ſes voiſins. Quel objet plus
utile peut ſe propoſer un écrivain ?
Mais diſons des choſes plus proportionnées à nos gouvernemens, à nos
mœurs & à nos paſſions.

CHAPITRE V.

Que la puissance dominante de l'Europe ne doit songer qu'à conserver sa supériorité. Comment les négociations peuvent y contribuer. De sa conduite à l'égard de la puissance rivale.

» QUELLES que soient les conjonc-
» tures, disoit l'Empereur Léopold,
» d'après tous ses prédécesseurs, cher-
» chons toujours à nous étendre, &
» formons de grands projets ; nous
» aurons au moins la gloire de n'avoir
» rien entrepris de médiocre, & nous
» trouverons souvent en nous-mê-
» mes des ressources que nous igno-
» rions. Quelque succès qu'on ait d'a-
» bord, on est bien avancé, quand
» on laisse à sa postérité comme des
» pierres d'attente qui l'avertissent de
» son devoir, & qui l'encouragent à
» mettre la derniere main à un ouvra-
» ge commencé.

C'est en suivant de pareilles maxi-

mes que la Maison d'Autriche a vu
disparoître ses forces & sa grandeur ;
& un Prince assez sage pour profiter
de ce grand exemple, pensera au contraire que le vrai intérêt de la puissance dominante est de se borner
à conserver sa supériorité. » La gloi-
» re, dira-t-il, de ne rien tenter de
» médiocre, est bien médiocre elle-
» même, quand le héros déconcerté
» par des obstacles qu'il devoit né-
» cessairement rencontrer, & qu'il n'a
» point prévus, échoue au milieu de
» ses projets. En surmontant de gran-
» des difficultés, je puis donner des
» preuves de courage, de fermeté, &
» de quelques autres qualités estima-
» bles ; mais, comme il n'y a de véri-
» tablement grand, de véritablement
» beau que ce qui est sage, il viendra
» un philosophe, qui, recherchant sur
» quels principes mon ambition au-
» roit agi, & quelle fin elle se se-
» roit proposée, flétrira les lauriers
» que la populace & mes courtisans
» m'auront prodigués. Ce philosophe
» me regardera comme un homme

» dont les lumières étoient extrême-
» ment bornées , si je n'ai pas prévu
» combien mes triomphes causeroient
» de maux à mon état ; ou, comme un
» forcené , si, en le prévoyant, j'ai sa-
» crifié mon peuple à la fureur d'ac-
» quérir de la gloire ; & il fixera à
» mon régne l'époque honteuse de la
» décadence de ma nation. J'ignore,
» poursuivra-t-il, quelle sera la capa-
» cité de mon successeur ; si je forme
» le plan d'un édifice trop élevé, ne
» dois-je pas craindre qu'en le piquant
» d'une folle émulation , il ne soit
» écrasé sous les ruines d'un bâtiment
» qu'il voudra achever. Par ma mo-
» dération je calmerai au contraire la
» jalousie de mes ennemis, je m'atta-
» cherai plus étroitement mes alliés ;
» & si mon successeur ne marche pas
» sur mes traces, il pourra, graces à
» ma sagesse , faire quelques fautes
» impunément, & mon Royaume sain
» & robuste supportera, du moins sans
» périr, les plaies que lui fera son am-
» bition.

Ce penchant naturel qui porte les

hommes à étendre leur pouvoir, &
que la prospérité rend plus vif, est
d'autant plus capable de donner une
ambition ruineuse à la puissance dominante, qu'elle se croit toujours plus
forte qu'elle ne l'est en effet, & qu'elle
est souvent irritée par la jalousie que
lui montre la puissance rivale. J'ap-
pelle ainsi celle qui, ne lui étant point
égale en forces, en approche cependant davantage que les autres états.
Telle a été pendant long-temps la
France à l'égard de la Maison d'Autriche : telle est aujourd'hui l'Angleterre à l'égard de la France. Parce
que la puissance rivale est supérieure
à tous les autres états, elle n'est que
plus indignée d'en avoir un au-dessus
d'elle. Moins elle cache sa jalousie,
plus la puissance dominante s'abandonne aux sentimens de haine que mérite sa rivale; & cependant son premier soin devroit être d'y résister.
Elle croit qu'en la ruinant, elle le-
veroit le seul obstacle qui s'oppose à
sa fortune. Elle se trompe : à cet ennemi défait il en succéderoit un au-

tre ; & peut-être plus rédoutable ;
parce qu'il trouveroit le vainqueur affoibli par fes triomphes même.

Il eft vrai que la fortune, plus puiffante que la prudence des hommes ,
ne prépare que trop de revers aux nations les mieux gouvernées ; & fes caprices doivent caufer des révolutions
d'autant plus fréquentes en Europe ,
que le Prince d'un petit état, avec de
grands talens , peut aifément humilier un Prince puiffant que la nature
a dépourvu de fes faveurs. Conclurre
de cette vérité que la puiffance dominante doit toujours acquérir , pour
pouvoir à fon tour faire des ceffions
fans perdre fa fupériorité , c'eft une
erreur groffière. Ce n'eft point une
ville , ni même une province de plus
qui rendent un état plus puiffant. Ces
petites conquêtes le dédommage-
ront-elles de la haine qu'elles exci-
teront dans fes ennemis , & de la perte
de fes alliés ? D'ailleurs , pour fe préparer une pareille reffource dans les
revers , eft-il fage de multiplier les
caufes qui les produiront ? La puif-

fance dominante ne confervera donc
fa fupériorité , qu'autant qu'elle ai-
mera fincèrement la paix. Mais comme il eft certain que, malgré fa modération & la juftice de fes procédés ,
elle n'étoufferoit jamais toutes les fe-
mences de guerre, fon amour pour la
paix ne doit point dégénérer en un en-
gourdiffement de fes forces. Si elle
n'étoit pas continuellement en état de
fe défendre & de faire la guerre, ce
feroit un nouveau motif pour fa rivale
d'être injufte & entreprenante, & elle
ne tireroit aucun fecours de fes négociations.

Donner fa confiance à fon ennemi,
c'eft l'inviter à nous tendre des pié-
ges ; & quand on aura fait cette premiere faute, on n'en évitera pas les
fuites dangereufes. La puiffance dominante doit donc fe défier continuellement de fa rivale ; mais cette
défiance, fi je puis parler ainfi , ne
doit être qu'une arme défenfive , &
elle devient prefque toujours une arme offenfive. Nous la voyons prefque toujours dégénerer en une forte

d'humeur vétilleuse & hargneuse, qui ne pouvant faire des torts réels, veut au moins faire des injures. La puiſſance dominante & ſa rivale ſe chicannent ſans ceſſe, & ſe traverſent dans toutes leurs démarches. Quelques Miniſtres n'ont point eu d'autre règle de conduite; mais cette routine de contradiction perpétuelle, d'autant plus accréditée qu'elle épargne la peine de penſer, combien d'exceptions cependant ne doit elle pas admettre?

Si une puiſſance, ce qui n'eſt pas rare, forme un projet qui doive lui être nuiſible ou ſimplement inutile, pourquoi s'y oppoſe-t-on? Je ne devine point encore par quel motif on tente ſi ſouvent de mettre obſtacle à une entrepriſe de ſon adverſaire, quand il eſt preſque démontré qu'elle réuſſira. Plus la puiſſance dominante marque de mauvaiſe volonté à ſa rivale, plus elle lui attache d'amis. D'ailleurs, que gagne-t-elle à entretenir de l'aigreur dans ſa rivale? Cette puiſſance cherchera à ſon tour les occaſions de lui nuire, & la forcera peut-

être à prendre les armes dans des circonftances où elle auroit le plus grand
intérêt de conferver la paix. Combien de guerres ont défolé l'Europe,
qui n'ont été le fruit ni de la politique, ni de l'ambition, mais de l'humeur de quelques Princes ou de quelques Miniftres qui s'étoient fait de gran
des injures en s'offenfant dans des
bagatelles ? Ces torts ridicules qui
ont occafionné les premieres hoftilités, rendent encore les négociations
de la paix plus difficiles. Il fuffit d'a-
voir lu quelques dépêches des Ambaffadeurs chargés de traiter dans un
Congrès, pour juger que de petits
reffentimens & des riens qu'on devroit au moins avoir honte d'avouer,
font fouvent un plus grand obftacle à
la conclufion des traités, que les intérêts les plus importans des nations.

Il me femble que la puiffance dominante agit toujours felon fes vrais
intérêts, lorfqu'elle foumet à la règle
de la juftice les affaires qu'elle difcute
avec fa rivale. Qu'elle ne rejette donc
jamais une demande fondée fur l'é-

quité; qu'elle écoute fans emportement & fans hauteur les propofitions
les plus déraifonnables; qu'alors même, fous prétexte de dignité ou dans
la crainte puérile de nuire à fes droits,
elle ne refufe pas d'avoir des conférences & d'entrer en négociation. Elle trouvera un avantage réel à être gé-
néreufe, toutes les fois que fa générofité ne pourra point être prife pour de
la crainte. Elle doit prévenir fa rivale
par de bons offices dans les petites
chofes, & même dans celles qui font
importantes, quand elles ne font pas
directement contraires à fes intérêts.

Ce dernier confeil eft très-fage:
mais je m'apperçois que malheureu-
fement il eft encore plus inutile: car
un homme d'état, dont les penfées ont
de l'étendue, de la juftefe & de la
grandeur, n'a pas befoin qu'on l'a-
vertiffe de ne pas beaucoup eftimer
une bagatelle; & un Miniftre dont
l'efprit eft étroit, borné, faux & lou-
che, n'eft capable par aucune méthode d'apprendre à voir les objets comme ils font réellement. Il imaginera

entre les affaires des rapports qui n'exifteront jamais ; & c'eft par cet égarement même dimagination qui lui montre des fantômes que perfonne autre ne voit, qu'il fe croit des lumieres fupérieures. Tout ce qui eft à fa portée lui paroît grand : tout ce qui eft plus grand que lui, lui paroît ou petit ou chimérique ; & il difputera la poffeffion d'une bicoque ou d'un village avec autant de chaleur que s'il s'agiffoit d'une place forte qui fût la clef d'une province entière.

Le grand art de la puiffance dominante pour conferver fa fupériorité, confifte fi je ne me trompe, à prévoir par un examen du gouvernement de fa rivale, de fa pofition & de fon efprit national, ce qu'elle en peut craindre, afin d'y rémédier d'avance. La Cour de France, par exemple, voyant à la paix d'Utrecht que l'Angleterre prenoit dans l'Europe la place que la Maifon d'Autriche y avoit occupée, devoit fur le champ fonger à rétablir fa marine, & tourner peu-à-peu fes principales forces du côté de la mer. Dès qu'une puissance maritime, occupée de son commerce, & qui ne veut s'aggrandir qu'en Amérique, se trouvoit à la tête des affaires ; des matelots & des vaisseaux devenoient plus nécessaires que des troupes de terre. Par cette conduite la France se seroit préparée des négociations plus faciles & plus heureuses. En contenant les Anglois sur mer, elle auroit diminué l'influence qu'ils ont dans les affaires du continent. La Cour de Londres moins confiante & moins hardie, se feroit comportée avec moins de hauteur & plus de bonne foi.

C'est le Ministre où le Conseil, chargés dans un état des affaires étrangeres, qui donnent des instructions aux Ambassadeurs, & qui négocient, à proprement parler, avec les étrangers ; mais leurs succès ne dépendent point de leur seule capacité, ni du talent seul des personnes qu'ils employent au dehors. Tous les autres Ministres, quelle que soit la partie de leur administration, doivent préparer les négociations. Dans un Royaume chargé d'impôts, rempli de mécontens, dont les finances sont épuisées, où le commerce languit, où la discipline militaire est négligée, où l'intrigue étouffe l'émulation en récompensant les talens inutiles, & même pernicieux, que pourroit faire un Ministre des affaires étrangeres, fût-il doué du plus vaste génie ? Toute l'Europe se connoît : on ne trompe personne sur sa situation. S'il n'a pas le don de faire des miracles, persuadera-t-il que sa nation est en état de réprimer ses ennemis, quand tout lui manque pour faire la guerre heureusement ? Si dans cette situation malheureuse, il affecte un air de dignité, il irrite ; s'il s'abaisse, il est méprisé & donne de l'audace ; s'il tente de cacher sa foiblesse sous une apparence de modération, de générosité & de justice, on rit de sa crainte qui perce à travers le masque qui la couvre mal. Cependant les alliés les plus fidéles se refrodissent ; & si l'état n'essuie pas quelque grand affront, s'il ne

souffre pas quelque perte confidéra-
ble, ce n’eft que par une faveur fin-
gulière de la fortune, fur laquelle il eft
toujours imprudent de compter.

Il y a une forte d’ambition qui, en
conciliant l’eftime & l’amitié de fes
alliés & même de fes ennemis, eft
bien favorable au fuccès des négociations; c’eft de faire, fi je puis parler
ainfi, des conquêtes fur foi-même,
en portant à une plus grande valeur
chaque partie de l’état. Une nation
ne devient jamais plus heureufe au-
dedans, fans devenir plus propre à
défendre fon bonheur contre les entreprifes des étrangers. Nous voyons
aujourd’hui un Prince, qui, après avoir
conquis une riche province, n’a pas
cru que l’oifiveté & les plaifirs fuffent
le terme de la politique & de la victoire. Il corrige les loix, encourage
tous les arts & tous les talens, ouvre
de nouvelles portes à l’induftrie & au
commerce de fes fujets, fe forme des
foldats invincibles par une difcipline
fçavante & rigide dont fes courti-
fans militaires donnent l’exemple, &

gouverne ses finances avec autant d'é-
conomie que de vigilance. S'il étoit
possible que ce Prince fît passer son
esprit à ses successeurs, ou qu'il affer-
mît solidement ses institutions, la
Cour de Berlin qui n'est encore qu'u-
ne puissance du second ordre, se ver-
roit bientôt à la tête des affaires de
l'Europe.

Si la puissance dominante attendoit
pour chercher des alliés, qu'un événement extraordinaire lui causât quelque allarme ou lui permît de former
une entreprise, elle prendroit presque
toujours une peine inutile. Comme
rien ne seroit préparé, comme rien
ne seroit mûr, elle ne pourroit compter sur rien. On perdroit un temps
précieux à faire des conjectures équivoques, à s'examiner, à se tâter, à
reculer & avancer sans régle. Cependant les affaires se brouillent, on ne
s'entend pas encore; mais on sent
qu'il faudroit agir & ne pas négocier; & pour finir, on contracteroit
par lassitude ou par impatience, des engagemens incertains, inutiles ou même dangereux.

On néglige une puissance qui s'accoutume à être oisive : je n'en infere pas qu'il faille fatiguer ses voisins par des projets continuels; ce seroit ne montrer qu'une inquiétude révoltante. Mais aucune affaire de l'Europe ne doit être étrangere à la puissance dominante ni à sa rivale ; ce seroit leur faute & une preuve de leur décadence, si leur médiation ou leurs bons offices étoient méprisés. C'est en entretenant des négociations continuelles dans toutes les Cours , qu'elles feront instruites fidellement de tout ce qui se passe , qu'elles jugeront d'avance de tout ce qui peut se tramer contre leurs intérêts , & que jouissant de leur grandeur, elles l'affermiront. Une étincelle aisée à éteindre allume souvent un grand incendie. Les affaires qui font devenues de la plus grande importance , ont presque toujours été précédées par une agitation qui les annonçoit , & dont il auroit été facile d'arrêter le progrès dans sa naissance. En un mot, quand la puissance dominante s'est fait une habitude de négocier ,

cier , elle trouve sans effort mille circonstances favorables à ses vues, & qui sont perdues pour un gouvernement paresseux. Elle saisit les occasions d'affermir ses alliances anciennes & d'en former de nouvelles. Elle tient le fil des affaires, & se fait des hommes d'état.

CHAPITRE VI.

Des avantages de la puissance rivale sur la puissance dominante dans les négociations. Est-il de son intérêt de devenir la puissance dominante? Réflexions sur la situation présente de la France & de l'Angleterre.

AUTANT il est difficile à la puissance dominante d'accroître son crédit, ou même de conserver sa supériorité, sans montrer beaucoup de justice & de modération, soit en maniant ses propres affaires, soit en employant sa médiation entre ses alliés, ses voisins & ses ennemis; autant est-il aisé à sa rivale de s'élever sur ses ruines , ou du moins de prendre sa place. Tous les états qui craignent ou qui haïssent l'orgueil & l'ambition de la puissance dominante, sont réunis secrettement contre elle par leur crainte ou leur haine communes. Ils ne cherchent qu'à se liguer pour s'opposer à ses entreprises, ils ne demandent qu'un chef ; & la puissance rivale leur sert naturellement de point de ralliement. La confiance qu'elle inspire en paroissant n'agir que pour la cause commune, ouvre un accès facile à toutes ses négociations. L'intérêt qu'on prend à son sort, rend indulgent à son égard ; & souvent on lui pardonne des injustices qui paroîtroient infames de la part de la puissance dominante. François premier & ses successeurs eurent beaucoup d'alliés, ce fut leur faute s'ils n'en eurent pas encore davantage ; & surement la France n'auroit pas tardé jusqu'à la paix des Pyrénées à prendre l'ascendant sur la Maison d'Autriche, si plus habile à conduire ses affaires domestiques & plus constante dans ses vues

politiques , elle avoit sçu profiter de
sa situation , & des forces des alliés
que lui faisoit l'ambition Autrichienne.

La Reine Elizabeth fut la premiere qui, voulant imposer une règle à ces
différentes passions qui agitoient l'intérieur de l'Europe, songea à les re-
duire en systême politique. » Pour
» assurer la liberté publique, disoit-
» elle au principal Ministre de Henri
» IV dans une entrevue qu'elle eut
» avec lui à Douvres, il faut rendre aux
» Princes d'Allemagne leur ancienne
» dignité, seconder les efforts que font
» les Provinces-Unies pour se sous-
» traire à la domination Espagnole,
» & inviter le reste des Pays-Bas à sé-
» couer le joug & former une Répu-
» publique indépendante. Il faut obli-
» ger l'Empire à renoncer aux droits
» qu'il affecte encore sur les Cantons
» Suisses, & leur incorporer l'Alsace
» & le Comté de Bourgogne. Mais ,
» ajoutoit cette Princesse, quand je par-
» le d'ôter à la Maison d'Autriche cet
» excès de grandeur dont elle abuse,

» ce n'eſt point pour enrichir de ſes
» dépouilles une puiſſance qui ne ſe-
» roit pas moins dangereuſe. Si le Roi
» de France vouloit faire des conquê-
» tes ſur l'Eſpagne, je ne le ſouffri-
» rois pas, & ne trouverois pas mau-
» vais qu'il s'oppoſât de ſon côté au
» deſſein de s'aggrandir que pourroit
» former un de mes ſucceſſeurs. Il
» s'agit de partager l'Europe en états
» à peu près égaux, afin que leurs for-
» ces étant en équilibre, ils craignent
» de s'offenſer, & n'oſent méditer de
„ trop grands projets.

La mort d'Elizabeth & d'Henri IV
fit tomber dans l'oubli ces idées à
peine ébauchées d'équilibre, qu'il leur
auroit été impoſſible de réaliſer. Les
Vénitiens, dit-on, les avoient re-
cueillies précieuſement, & quoiqu'ils
en fuſſent encore occupés au Congrès
de Munſter, où ils faiſoient les fonctions de médiateurs, ils n'oſerent
preſque pas les laiſſer entrevoir dans
le cours de leurs négociations. La
France étoit trop fière de ſes ſuccès
pour conſentir déſormais à l'égalité :

elle vouloit dominer ; & l'Espagne qui
par vanité se déguisoit sa foiblesse ,
n'étoit pas assez humiliée pour désespé-
rer de réparer ses disgraces. La paix de
Westphalie laissa ces deux puissances
armées l'une contre l'autre: elles cesse-
rent enfin de se faire la guerre, mais sans
cesser de se haïr : Leurs alliés & leurs
ennemis continuerent à se conduire
par leurs principes ordinaires , & l'on
ne recommença à parler d'équilibre,
qu'après que le Prince d'Orange , depuis Guillaume III, eût été revêtu des
charges que ses peres avoient possé-
dées dans les Provinces-Unies.

Ce Prince présenta à l'Europe le
système d'Elizabeth , mais corrigé ,
& sous une forme plus propre à gagner les esprits. Au lieu de vouloir
mettre entre les puissances une égalité
qui n'étoit qu'une chimère , & qui ne
les auroit point empêchées d'être ambitieuses , de se haïr & de s'offenser ,
quand on auroit pu l'établir ; il ne fut
plus question que de donner simplement des bornes au pouvoir de la
France , & après l'avoir ramenée au

point où elle se trouvoit placée par la
paix des Pyrénées, de l'y tenir irré-
vocablement fixée ; afin, disoit le
Prince d'Orange par la bouche de ses
partisans, que cette Couronne & la
Maison d'Autriche occupées de leur
rivalité épuisassent l'une sur l'autre
leur ambition & leurs forces, & ne
laissassent aucune crainte aux autres
états. On auroit dit que l'Europe alloit devenir une espèce de spectacle
de l'Amphithéatre où tous les Princes
devoient jouir tranquillement du plai-
sir de voir deux grandes monarchies
qu'ils redoutoient, se heurter & se dé-
chirer. Pour perpétuer ce combat,
qui ne devoit jamais être un combat
à mort, on devoit venir au secours
du combattant prêt à succomber, &
en lui fournissant des forces, le mettre en état de reparoître avec avantage sur l'Arène.

Sans doute que le Prince d'Orange connoissoit trop bien les ressorts
qui font mouvoir les hommes, pour
compter que les puissances subal-
ternes ne prendroient précisément

part aux démêlés de la France &
de la Maison d'Autriche, qu'autant
qu'il le faudroit pour les rendre
éternels. Il n'étoit pas difficile de
voir que tout ce grand syſtême,
qui paroiſſoit fait pour aſſurer la liberté de l'Europe, n'étoit imaginé que
pour favoriſer la fortune particulière
de ſon auteur, qui n'étant que citoyen d'une République, avoit beſoin d'avoir une armée à ſa diſpoſition & de faire la guerre, pour ſe
mettre en quelque ſorte au-deſſus des
Magiſtrats & des loix. Il ſentoit la
foibleſſe de ſon syſtême, & prévoyoit
que les prétendus défenſeurs de l'é-
quilibre ſe laiſſeroient ſouvent effrayer
par les progrès rapides & ſubits d'une
des deux Puiſſances ennemies ; que
la plûpart ſeroient trop timides pour
oſer prendre dans le beſoin les intérêts de la plus foible ; que les uns ſeroient gagnés & éblouis par un avantage préſent, & que les autres s'é-
chauffant indiſcrétement, ne conſul-
teroient bientôt plus que leur haine.

Quoique cette théorie de l'équili-

bre, ainsi que les faits l'ont constamment prouvé depuis quatre-vingt ans,
ne puisse point se réduire en pratique dans les temps de guerre, c'est
une idée brillante qui a séduit toutes les imaginations. Son succès étoit
infaillible; car réduisant toute la science de la politique à ne sçavoir qu'un
mot, elle flattoit également l'ignorance & la paresse des Ministres, des
Ambassadeurs & de leurs commis.
Quoiqu'il en soit, cette opinion ré-
gnante sert, parce qu'elle est regnan-
te, à faire pendant la paix un con-
trepoids aux forces de la puissance dominante : elle indispose les esprits
contre son alliance, & les tourne fa-
vorablement du côté de sa rivale.

Si cette dernière puissance profitoit
de ses avantages pour susciter des affaires à son ennemie, l'écraser & prendre sa place, peut-être n'agiroit-elle
pas suivant ses vrais intérêts. Il est
certain du moins qu'elle travailleroit à
grands frais & avec beaucoup de peine
à mériter la jalousie & la haine des états
dont elle étoit auparavant la protec-

trice. Paſſer de la ſeconde place à la premiere, c'eſt peut-être ne faire qu'un
grand pas vers ſa décadence ; car, une
nation qui s'eſt laiſſé éblouir par
l'honneur dangereux de dominer, qui
n'a pas connu l'avantage de ſa premiere
ſituation, & qui doit être toute fière de
ſes triomphes, ſi elle parvient à humilier la puiſſance dominante, par quel
prodige prendroit-elle ſubitement une
politique conforme à ſa nouvelle fortune? Il n'eſt que trop vrai que la ſupériorité des forces fait illuſion aux eſprits
mêmes les plus modérés. La confiance
& l'orgueil une fois mis en mouvement,
ont un cours qu'il eſt difficile d'arrêter,
le ſuccès les enflamme, le revers les irrite. A peine les paix de Weſtphalie & des
Pyrénées eurent-elles donné à la France la ſupériorité que la Maiſon d'Autriche avoit eue juſqu'àlors, qu'on lui fit
les mêmes reproches qu'elle avoit faits
aux Cours de Madrid & de Vienne.
L'ambition qu'on reprocha aux Autrichiens & aux François, ſera le vice
éternel de la puiſſance dominante.
Seul contre tous, ce fut la deviſe de

Louis XIV : ce mot qui auroit dû être
regardé comme une satyre assez forte
de l'imprudence de son Conseil, fut
pris par ses sujets, & l'est encore aujourd'hui pour un éloge de son courage ; tant la puissance dominante est
peu portée à connoître ses intérêts ,
sa situation & ses forces !

C'est un grand bonheur que l'Angleterre , après avoir fait des efforts
superflus pendant les guerres de 1688
& de 1701 , pour conserver à la Maison d'Autriche la qualité de rivale de
la France , ait été elle-même forcée
par la suite des évenemens,à se char-
ger d'un rôle que la Cour de Vienne
n'étoit plus en état de remplir quand
Philippe V eût été affermi sur le trône d'Espagne. L'Europe n'auroit jamais joui que de quelques momens de
repos, tant que deux puissances accoutumées à se haïr & à s'offenser ,
qui avoient toujours quelque cause
légitime de guerre , & la manie de
faire des conquêtes l'une sur l'autre ,
auroient été à la tête des affaires. Il
est vraisemblable qu'épuisées avant

d'avoir pu terminer leurs querelles, elles auroient abandonné leur place à d'autres états, que leur ambition auroit encore ruinés, & que l'Europe enfin affoiblie tour à tour dans toutes ses parties, n'auroit eu la paix que parce qu'elle n'auroit pu faire davantage la guerre.

Les peuples peuvent au contraire se flatter d'un sort plus heureux, depuis qu'une nation libre, commerçante, & qui ne veut point conquérir de possessions dans notre continent, partage avec la France l'avantage d'y dominer. Je sçais que si les Anglois ne sacrifioient pas une partie des sommes immenses que produit leur commerce, à susciter sur terre des ennemis à la France, cette puissance tourneroit, au désavantage des Anglois, ses principales forces du côté de la mer. Je sçais que la Cour de Vienne est l'alliée naturelle de l'Angleterre, & qu'elle n'a point renoncé à ses anciens projets d'aggrandissement : mais qu'on ne craigne pas que les Anglois agissent pour servir l'am-

bition Autrichienne, avec la même
chaleur que s'ils étoient eux-mêmes
conquérans, & qu'ils fiffent la guerre
pour leur propre compte. Le commerce qui forme le principal objet de leur
politique, doit infenfiblement les faire
incliner du côté de la paix, & le vœu
public dans une nation libre impofe fouvent au gouvernement. D'ailleurs, les
Anglois ne doivent-ils pas fentir que
leur conftitution, bien plus précieufe
que tout le commerce d'Amérique, n'eft
jamais plus en fureté que pendant la
paix, & que la guerre fournit à leur
Roi mille prétextes plaufibles d'étendre la prérogative royale, & de les affervir ? Les goûts de l'Angleterre
doivent fe communiquer à fa rivale,
& quoique j'écrive dans un temps où
la guerre eft déclarée entre ces deux
puiffances, j'ofe dire qu'on commence à s'appercevoir des heureux effets
de cette influence ; & tant que le fyf-
tême préfent fubfiftera, l'Europe fera
expofée à des fecouffes moins fréquentes & moins violentes.

Outre les avantages généraux que
l'Angleterre, en qualité de puiffance

rivale, a fur la France, fa fupériorité fur mer doit encore contribuer à lui attacher un plus grand nombre d'alliés. Une nation qui n'eft puiffante que fur terre, n'eft en effet voifine que des états qui touchent en quelque forte à fes frontieres, & fouvent elle eft embarraffée pour faire une diverfion en faveur de quelqu'un de fes alliés. Une puiffance maritime eft voifine par fes vaiffeaux de tous les pays, & pouvant faire par conféquent plus de bien & plus de mal à un plus grand nombre d'états, elle jouit d'une confidération plus étendue.

Que gagnent aujourd'hui les Anglois & les François à fe faire la guerre pour des intérêts de commerce? Les torts réciproques qu'ils fe font, tournent à l'avantage des puiffances neutres, dont les commerçans étendent & multiplient leurs relations. A la paix la nation victorieufe fe trouvera appauvrie par les dépenfes de la guerre, & loin d'être en état de faire un commerce plus floriffant, elle fera occupée pendant long-temps à réparer les maux que la guerre aura faits à ſes poſſeſſions d'Amérique. Que cette expérience fatale puiſſe au moins convaincre tous les eſprits de ce principe univerſellement vrai, qu'un peuple commerçant doit faire la guerre pour empêcher que ſon commerce ne ſoit ruiné, & jamais pour l'augmenter. Pourquoi voulez-vous faire des conquêtes ſur vos voiſins, a-t-on pu dire à pluſieurs Princes ambitieux, tandis que vous ne ſongez pas à mettre en valeur les friches qui déshonorent vos campagnes ? Pourquoi voulez-vous acquérir de nouvelles villes, pendant que les vôtres tombent en ruine, & que le Bourgeois oiſif y languit ? S'il vous importe d'augmenter le nombre de vos ſujets, que ne les rendez-vous heureux ? Le bonheur les multipliera. Je pourrois de même demander aux Anglois; pourquoi voulez-vous multiplier vos Colonies ? Etes-vous bien ſûrs que celles que vous poſſédez ſoient auſſi floriſſantes qu'elles peuvent l'être ? Si votre induſtrie peut encore enrichir votre commerce, pourquoi recourez-vous à la force pour l'étendre ?

Le projet de vouloir être seul maître de la mer, & de s'emparer de tout le commerce, n'est pas moins chimérique ni moins ruineux que le projet de la monarchie universelle sur terre; & il est à souhaiter pour le bonheur de l'Europe, que les Anglois soient convaincus de cette vérité, avant que de l'avoir apprise par leur propre expérience. La France a déja répété plusieurs fois qu'il falloit établir un équilibre de puissance sur mer; & elle n'a encore persuadé personne, parce qu'elle est la puissance dominante, & qu'on la soupçonne de ne vouloir abaisser les Anglois que pour dominer plus surement dans le continent. Mais que l'Angleterre abuse de ses forces, qu'elle veuille exercer une espèce de tyrannie sur le commerce, & bientôt tous les états qui ont des vaisseaux & des matelots, étonnés de n'avoir pas cru la France, se joindront à elle pour l'aider à ven-

ger fes injures. Si les Anglois s'opi-
niâtrent à vouloir conquérir l'Amérique feptentrionale, ils obligeront la
France à porter fes principales forces
fur mer. Ils s'épuiferont, & leur ennemie, qui, en défarmant fur terre,
cessera d'être fufpecte à fes voifins,
enlevera à l'Angleterre l'amitié de
plufieurs de fes alliés.

CHAPITRE VII.

*Des puiſſances du ſecond ordre. Prin-
cipes de leur politique. De la conduite des deux puiſſances dominantes à leur égard.*

Si les deux puiſſances du premier
ordre s'étoient conduites par les
principes que j'ai établis jufqu'ici,
celles du fecond n'auroient fongé de
leur côté qu'à fe conferver ; ou du
moins, l'accroiſſement de leur fortune auroit été l'ouvrage de cette fage
induſtrie qui s'occupe à faire valoir
fes propres richeſſes. Mais la Maifon

d'Autriche & la France voulant se faire plus de mal qu'elles ne s'en pouvoient faire, eurent besoin du secours de leurs voisins, & les associèrent à leurs querelles. Tandis que les puissances dominantes ne regardoient ces alliés que comme des instrumens de leur fortune, ils formerent eux-mêmes le projet de s'aggrandir à leurs dépens. Si quelques-uns ont en effet augmenté leur fortune en vendant leurs secours, d'autres en suivant la même politique, n'ont été que foiblement dédommagés par leurs conquêtes, des maux que la guerre leur avoit causés.

Quelques puissances du second ordre font presque le rôle de puissances dominantes ; telles font la Cour de Vienne, la Russie, l'Espagne, le Dannemarc, &c. Plus elles font considérables, plus elles doivent se conduire par les principes qui assurent seuls la fortune des puissances dominantes. Leur modération leur fera des alliés, leur amour pour la justice les rendra même souvent arbitres entre les puiſſances dû premier ordre. Pendant que celles-ci ſe font la guerre & s'affoibliſſent, il eſt de l'intérêt des autres de conſerver la paix, parce qu'elles s'enrichiront; & dès-lors l'intervalle qui les ſépare des premieres ſera moins grand. Les politiques ont ſouvent répété qu'il ſeroit imprudent de voir les querelles de ſes voiſins ſans y prendre part; le vainqueur, après une premiere conquête, ne ſeroit que plus en état d'en faire une ſeconde, & avec des troupes exercées à la guerre il fondroit ſur une puiſſance qui auroit été oiſive. Mais j'ai déja dit qu'il n'y a plus de République Romaine dont la guerre augmente le nombre des citoyens, qui gagne à Carthage de quoi vaincre la Macédoine, & en Macédoine de quoi vaincre l'Aſie. Une nation aujourd'hui qui vient de terminer une guerre heureuſe, a beſoin de repos pour réparer ſes forces; & c'eſt dans le moment qu'elle paroît la plus triomphante qu'on l'humilieroit peut-être le plus aiſément.

Les puissances du premier ordre conserveront leur supériorité sur celles du second, en ne se hâtant pas de terminer leurs querelles, & en nourrissant au contraire les jalousies qui les divisent. Elles doivent principalement ne les associer à leurs démêlés qu'à la derniere extrémité ; peut-être leur inspireroient-elles un goût pour la guerre qui nuiroit à la tranquillité publique qu'il est de leur intérêt de protéger, & vraisemblablement elles se feroient des ennemis des Princes qu'elles doivent engager à être neutres. Chaque peuple tient de sa constitution particulière des qualités qui lui sont propres. Les unes lui sont avantageuses, & les autres nuisibles. Les puissances dominantes doivent en quelque sorte veiller à ce qu'aucune nation ne se corrige de ses vices. Quand, par une action éclatante, un état prend un effor qui ne lui est pas naturel, toute l'Europe s'allarme inutilement; & l'on ne feroit aucune attention à cette politique sçavante d'une nation qui remonte à la source de ses vices, pour les corriger, jetteroit les fondemens d'une prospérité constante.

Il peut arriver que les puissances dominantes, sans avoir reçu aucun échet au déhors, ni éprouvé au dedans aucune révolution sensible, mais seulement par l'incapacité du Prince & de ses Ministres, cessent, pour ainsi dire, d'être ce qu'elles sont, & que le gouvernement soit sans action. Un Prince du second ordre doit profiter de cet événement pour se mettre à la tête des affaires de l'Europe, & augmenter sa réputation en donnant des preuves de sa sagesse. Mais il doit se garder de vouloir bâtir sur un accident passager le plan d'une fortune durable. Cette ambition ne lui est permise, que quand la puissance dominante déchoit & se trouve dégradée par un vice général & répandu dans toutes les parties de l'état, & non par l'incapacité seule des hommes qui le gouvernent aujourd'hui, & qui peut-être dans huit jours ne le gouverneront plus.

Si on avoit pris la molleſſe du gouvernement de France depuis la mort
de Henri IV juſqu'au miniſtère du
Cardinal de Richelieu, pour le ſimp-
tôme d'une décadence certaine, on
ſe ſeroit trompé. Ce Royaume toujours auſſi fort qu'il l'avoit été, n'a-
voit beſoin que d'un Miniſtre qui ſçût
employer ſes forces. Il n'en étoit pas
de même de la Monarchie Eſpagnole
après la paix des Pyrénées : l'affoi-
bliſſement de l'état venoit de la foibleſſe même de chacun de ſes membres. La guerre, la navigation, l'A-
mérique & la ſuperſtition avoient con-
couru à la fois à dépeupler l'Eſpagne.
L'induſtrie étoit étouffée, & la pareſſe indolente qui en eſt le fruit,
étant devenue l'eſprit général de la
nation, il n'étoit plus poſſible de lui
rendre cette activité qui avoit fait autrefois ſa force. L'Eſpagne qui auroit
dû faire le commerce de l'Europe entiere, n'en faiſoit aucun ; & avec
tout l'or du Mexique & du Perou, ſes
finances épuiſées ne pouvoient ſuffire
ni à l'entretien de ſes places de guer-

re, ni à payer la folde des foldats, qui, ne vivant que de pillage, étoient incapables de fe plier à la difcipline de cette ancienne infanterie qui avoit péri à Rocroi.

Ne pourroit-on pas dire, en conféquence de ces réflexions, que Charles II, Roi d'Angleterre, avoit, fans le fçavoir, une conduite conforme aux vrais intérêts de fa Couronne, lorfqu'il confentoit d'aider Louis XIV (a) de tout fon pouvoir pour faire la conquête des Pays-Bas Autrichiens ? Sa politique & celle de fon fucceffeur tendoient à hâter la chute d'une puiffance qui n'avoit plus les moyens de fe relever, & dont l'Angleterre devoit prendre la place. Guillaume III, le plus grand politique du

(a) M. le Comte d'Eftrades, dans fa lettre du 21 juillet 1667 au Roi, dit que quand il étoit Ambaffadeur en Angleterre, Charles II confentoit d'aider Louis XIV de tout fon pouvoir à faire la conquête de toute la Flandre, pourvu que le Roi l'affiftât de dix mille hommes de pied & de quelque cavalerie dans le cas que fes fujets fe révoltaffent. Louis XIV dans fa lettre du 9 décembre au Comte d'Eftrades, dit que Charles lui donnoit carte blanche pour faire des Pays-Bas ce qu'il fouhaiteroit.

dernier siécle, se seroit sans doute comporté relativement à cette situation, il auroit fait par habileté, ce que Charles & Jacques II son frere, firent par foiblesse, par crainte, par esprit de tyrannie, ou par superstition, s'il eût été de son intérêt de gouverner les Anglois selon le leur. Mais il vouloit la guerre, il en avoit besoin, & il falloit saisir le prétexte de soutenir la Maison d'Autriche contre les armes de la France. Sa politique lui survéquit, & si les grandes choses que les Anglois firent dans la guerre de 1701 avoient été capables de suspendre la chute de la Maison d'Autriche, en donnant à Charles VI tous les domaines qu'elle avoit possedés, ils n'auroient fait des dépenses énormes que pour rester une puissance du second ordre, & obéir encore aux mouvemens de l'Europe, au lieu de les gouverner.

Comment est-il arrivé qu'une nation aussi éclairée que l'Angleterre, ait été aussi long-temps enyvrée des idées du Roi Guillaume, & ne soit rentrée que par hazard dans ſes intérêts ? Il eſt ſurprenant que Mylord Bollinbroke, Miniſtre le moins fait pour regarder la routine des Bureaux, c'eſt-à-dire, les préjugés communs, comme la regle de la politique, ait vu les Anglois ſoulevés contre la paix d'Utrecht, & ne leur ait pas appris dans ſes écrits apologétiques que cette paix faiſoit leur grandeur. Il ſe contente de repréſenter les Anglois comme les défenſeurs les plus ardens du ſyſtême de l'équilibre, & de leur démontrer que s'ils avoient exécuté le projet de donner à Charles VI toute la ſucceſſion Autrichienne, ils auroient bientôt été obligés de ſe ſoulever contre leur propre ouvrage, & de devenir les alliés de la France.

Il y a une autre ſorte de puiſſances dans cette ſeconde claſſe, qui n'étant point auſſi près des puiſſances dominantes que celles dont je viens de parler, ont encore beſoin d'augmenter leur fortune, pour ſe mettre à portée de parvenir à la tête des affaires. Elles peuvent profiter des querelles
qu'ont

qu'ont les puissances supérieures , &
s'acroître à leurs dépens. Il est fâ-
cheux pour le bonheur de l'humanité , qu'on ne puisse opposer à l'ambition de ces états que des raisonnemens de morale & non de politique.
En travaillant à s'aggrandir , ils ne
courent aucun des dangers auxquels
la même ambition expose des Princes
plus puissans. Comme ils ne font dans
les affaires qu'un rolle subalterne, la
principale attention ne se fixe point
sur eux ; ils ne font point l'objet de
la jalousie ; & la haine publique qui
les épargne , se tourne toute entiere
contre les puissances qui les font agir
& qui achettent leurs secours. Souvent , & l'expérience le prouve , ils
ne se font point rendus odieux en ne
se servant paspour élever leur fortune,
de moyens autorisés par la justice &
la bonne foi. Leur foiblesse leur sert
en quelque sorte d'excuse ; tantôt ils
semblent ne céder qu'à la nécessité ;
tantôt un hazard favorable fournit
quelque prétexte spécieux à leur politique. Etant soutenus par la puis-

fance en faveur de qui ils ont commis une infidélité, ils n'en craignent
point de reproches ; & les plaintes
que fait la puiſſance qu'ils ont trahie
ſont priſes quelquefois pour un éloge, (tant on eſt dépravé !) ou ne paſ-
ſent que pour l'effet de ſon reſſenti-
ment.

Charles-Emanuel, Duc de Savoie,
fut le premier qui ſe fit une maxime
conſtante de n'avoir ni haine, ni affection particulière, & de s'attacher
tantôt à la France & tantôt à l'Eſpagne, ſuivant qu'on avoit l'art de l'a-
cheter par des conditions plus avantageuſes. Depuis que la Cour de Turin s'eſt fait céder par la France le
Marquiſat de Saluces (a), & enſuite
Pignerol & les vallées de Prajelas,
d'Oulz, de Bardonech, &c. & que
dominant par conſéquent ſur les Al-
pes, elle ouvre & ferme à ſon gré les
portes de l'Italie aux François ; ſon

_____

(a) Traité de Lyon en 1601 entre la France & la
Savoie. Pignerol fut cédé par le traité de Turin
en 1696. Voyez le traité conclu à Utrecht en 1713
entre la France & la Savoie.

alliance eſt également précieuſe à tous les Princes qui prennent part aux guerres qui ſe font au-delà des monts : elle la met à l'enchere, & le paſſé lui donne de plus grandes eſpérances encore pour l'avenir.

L'intérêt de ces états, pour ſe rendre recommandables pendant la paix, c'eſt d'entretenir la diviſion entre les grandes puiſſances, de flatter leurs paſſions, & par de doubles négociations conduites avec fineſſe & d'une maniere équivoque, de paroître entrer dans leurs vues, & de donner des eſpérances à tous les partis, ſans prendre cependant aucun engagement décidé. Par cette conduite un Prince ne ſe concilie pas, il eſt vrai, l'amitié des puiſſances ſupérieures : mais cette amitié lui ſeroit inutile, & il les accoutume à ne ſe point paſſer de lui ; il les tient dans la diſpoſition de le ſervir, & leur donne même à cet égard une ſorte d'émulation dont il profitera ſuivant les circonſtances. La guerre, qui eſt un fléau pour tous les autres états, eſt un bonheur pour lui.

E ij

Il doit y prendre part, à moins que quelque raiſon particulière ne s'y op-poſe, car en général la guerre ne ſe fait point à ſes dépens. Elle lui vaut même des ſubſides ; & la paix qui la termine lui ſera toujours avantageu-ſe, pourvu que toujours fidele à ſes principes, il ait l'art peu difficile de ſe trouver à la fin de la guerre l'al-lié de la puiſſance qui l'aura faite avec le plus de bonheur.

Je rougirois des maximes Machia-véliſtes que je viens d'expoſer, s'il n'étoit pas poſſible d'en tirer des con-ſéquences utiles aux hommes. Il eſt donc vrai que les puiſſances ſupérieu-res ſont encore moins ennemies les unes des autres, que de ces états d'un ordre inférieur qui ne peuvent s'ag-grandir qu'à leurs dépens. L'union des unes obligeroit les autres à ſe con-tenter de leur fortune ; & il ſemble qu'il ne ſoit permis aux puiſſances ſubalternes d'avoir une ambition uti-le, que pour mettre un frein à celle des puiſſances ſupérieures dont les querelles cauſent une déſolation gé-nérale.

Les engagemens contractés pendant la paix par les Princes du second ordre qui veulent étendre leurs domaines, sont rarement remplis avec fidélité ; parce qu'ils sont contraires à leur maxime fondamentale, de n'avoir aucune alliance fixe, de ne se mettre aucune entrave, & de se laisser la liberté de profiter de toutes les circonstances qui leur sont favorables. Quelque peu solides que soient ces traités vagues de prévoyance qu'ils signent pour un avenir incertain, les puissances dominantes ne doivent cependant pas les négliger. Ces alliances peuvent quelquefois servir de base à des engagemens plus avantageux ; elles préparent des liaisons; elles accoutument jusqu'à un certain point les états à se regarder comme amis. En un mot, il n'est dangereux de faire des traités inutiles ou douteux, que quand on a la malhabileté de n'en sçavoir pas apprécier la valeur. Une puissance dominante doit contracter de ces alliances dans la persuasion que cent, si l'on veut, sont inutiles ; mais que la cent & unième lui fera peut-être avantageuse.

L'intérêt conftant d'un Prince du fecond ordre, c'eft de ne fonger à s'aggrandir qu'aux dépens des puiffances dominantes ; par-là il ne fe fait aucun ennemi : car quelques raifons qu'elles aient de fe plaindre de lui, elles en ont encore plus de lui pardonner & de rechercher fon amitié. La Cour de Turin eft la preuve de ce que j'avance. Elle ne s'eft enrichie que par les ceffions que la Maifon d'Autriche & la France ont été obligées de lui faire ; elle a été tour à tour l'alliée & l'ennemie de ces deux puiffances ; toutes deux fe font fouvent plaintes de fa politique, & toutes deux rechercheront encore fon alliance. C'eft une maxime générale, & qui peut-être ne fouffre aucune exception, qu'une puiffance ne doit jamais être ennemie d'un état plus foible qu'elle.

CHAPITRE VIII.

Des puissances du troisième ordre. De leurs intérêts. Conduite des puissances supérieures à leur égard.

L E S puissances du troisième ordre ont trop de motifs de n'être pas ambitieuses, pour songer à s'aggrandir. Tout Prince qui n'est pas en état de faire respecter son territoire & sa neutralité, doit craindre la guerre. Pendant la paix il négocie, & quand ses demandes sont fondées sur un droit évident, on a quelque honte de ne lui pas accorder une partie de ce qui lui appartient. A-t-il de grands talens ? Il procure des richesses à ses sujets, il s'applique à les rendre heureux : c'est un pere de famille au milieu de son peuple ; & il goûte la satisfaction toujours renaissante de voir que rien n'échape à sa vigilance. Est-ce un homme ordinaire ? Il vit en grand seigneur , & ses richesses lui suffisent encore pour satisfaire tous ses goûts. Dès que la guerre est allumée, il est obligé au contraire de recevoir la loi du vainqueur & de la nécessité. Souvent après avoir été traité comme ennemi par ses alliés mêmes, on ne lui rend à la paix qu'un pays dévasté. Il n'est même pas rare que les grandes puissances s'accommodent à ses dépens ; quelquefois elles tiennent garnison dans ses forteresses, sous prétexte de le protéger, & on ne lui laisse dans ses états qu'une souveraineté imaginaire.

Quelque légitimes que soient les droits d'une puissance du troisième ordre ; qu'elle soit sure qu'ils paroîtront équivoques, & que ses tiédes protecteurs proportionneront leur zèle à l'intérêt qu'ils ont de servir un Prince qui leur est inutile ou presqu'inutile. Dans un moment de dépit une grande puissance sera capable, pour mortifier son ennemi, d'exiger qu'il fasse satisfaction à quelque Prince peu puissant, ou qu'il lui restitue un domaine qui lui aura été enlevé injustement. Mais ce

moment de dépit paſſe, & tout ren-
tre dans l'ordre accoutumé. Louis
XIV voulut, en 1664, que la Cour
de Rome révoquât l'incamération des
états de Caſtro & de Ronſiglione
uſurpés ſur le Duc de Parme, & dé-
dommageât le Duc de Modène de
ſes prétentions ſur la place & les vallées de Comachio. Cet article du traité de Piſe n'a pas encore été exécuté;
& les Princes auxquels il étoit favorable, n'ont eu que le frivole avantage de voir ſtipuler des conditions qui
empêchoient que leurs droits impuiſ-
ſans ne preſcriviſſent.

Autrefois les Ducs de Mantouë
avoient une place qui paſſoit pour la
ville la plus forte de l'Europe, & dont
la poſition les mettoit en état de vendre chèrement leur alliance pendant
les guerres d'Italie. Je ne ſçais cependant ſi ces Princes n'auroient pas
trouvé un avantage plus réel à avoir
la politique d'un ſouverain, que l'agio-
tage d'un banquier. Il eſt certain du
moins qu'ils ſe feroient comportés
avec plus de dignité, & qu'ils au-
E v

roient mieux rempli leurs devoirs à
l'égard de leurs sujets , s'ils avoient
pris le parti de la neutralité, en décla-
rant aux deux armées , qu'ils ouvri-
roient leur place à l'ennemi de la puiffance qui commenceroit à faire quelque hoftilité fur leurs domaines.

La neutralité eft donc toujours le
parti le plus fage que puiffe prendre
une puiffance , quand elle ne peut pas
raifonnablement efpérer d'augmenter
fa fortune. Mais cette neutralité doit
être obfervée avec le fcrupule le plus
rigide ; car le parti le plus fort ne de-
manderoit que le plus leger prétexte
pour ufer fur fon territoire du droit
de guerre. Quelques petits Princes
ont voulu mettre plus de rafinement
dans leur conduite ; quelquefois ils
ont ofé s'élever jufqu'à la politique
des puiffances du fecond ordre ; ils
ont manqué à leurs engagemens, ils
ont trahi leurs alliés , & efpéré d'augmenter leur fortune en s'attachant
toujours au parti du vainqueur. Mais
ils n'avoient pas fait réflexion qu'ils
n'étoient pas affez puiffans pour qu'on

leur sçût gré de leurs infidélités ; on auroit autant aimé les châtier & vivre à discrétion dans leurs pays, qu'être aidé de leurs forces médiocres.

Si rien n'est plus insensé que la conduite d'un état qui ne sçait pas proportionner ses vues à sa foiblesse, rien aussi n'est plus puéril que cet étalage fastueux qu'une grande puissance fait de son pouvoir, quand elle négocie avec un petit Prince. L'indépendance est égale dans tous les souverains, & elle doit être partout également respectée. Un grand Prince qui se plaît à exiger des petits états des devoirs qui les avilissent, paroît trop ébloui de sa fortune pour n'y être pas inférieur. N'apprend-il pas imprudemment à toute l'Europe qu'il estime plus les droits de la force que ceux de la justice ? I est de l'intérêt des grandes puissances de protéger celles qui ne leur donnent aucun ombrage. Il leur est si aisé & en même temps si utile d'être généreuses à leur égard, que

je ne conçois point comment on néglige cet avantage. Un des plus
grands torts des succeffeurs de Charles-Quint fut d'inquiéter les petits
Princes d'Allemagne & d'Italie. Ils
enlevoient à l'un un village, à l'autre un château, comme fi de pareilles conquêtes euffent avancé de beaucoup les progrès de la Monarchie
univerfelle ; & ces rapines ne fervi-
rent qu'à les rendre odieux.

Quand une grande puiffance entame aujourd'hui une affaire fans en
prévoir les fuites fâcheufes, elle ne
peut plus en quelque forte fe défif-
ter de fon entreprife. Elle craint avec
raifon, après avoir été imprudente,
qu'on ne la foupçonnât de ne céder
qu'à la crainte ; elle fe feroit méprifer de fes alliés & de fes ennemis.
Ses négociations alors mêlées de
crainte & d'un faux point d'honneur, décèlent fon embarras, & par
défefpoir elle finit ordinairement par
confommer fa faute. Si cette puiffance s'étoit rendue recommandable
par fon amour de la juftice en trai-

tant avec les Princes les plus foibles, si elle n'avoit jamais voulu que la supériorité de ses forces fût regardée comme une raison de ses droits, elle auroit au contraire une ressource toujours prête contre ses distractions ou ses imprudences. On ne seroit point scandalisé de sa modération, & reculant par crainte, mais d'une maniere décente devant sa rivale, elle paroîtroit ne rendre hommage qu'à la justice & à la raison.

CHAPITRE IX.

Des alliances. Qu'il y en a de différente espèce. Danger de les confondre. Des alliés & des ennemis naturels.

En appliquant les principes que j'ai établis dans les chapitres précédens, à la conduite que les puissances de l'Europe ont tenue depuis deux siècles, il seroit aisé, si je ne me trom-

pe, de rendre raifon de l'état de foibleffe ou de force dans lequel elles fe
trouvent actuellement. A proportion
que chacune d'elles aura été plus ou
moins conftamment attachée à ces
règles, on verra qu'elle aura plus ou
moins tiré d'avantages de fes négociations. C'eft en cela feul que confifte tout l'art de les préparer, partie de la fcience de négocier la plus
difficile & la plus importante; & il
ne s'agit plus dans le détail de fes
opérations que de fe faire quelques
principes fecondaires au fujet de fes
alliés, & des circonftances dans lefquelles on négocie, foit avec eux, foit
avec fes ennemis.

Toutes les alliances ne font pas
de même nature. Tel peuple eft mon
allié naturel, tel autre ne peut m'offrir qu'une alliance fufpecte, ou ne
m'eft attaché que par des intérêts ou
un accident paffagers. Les alliances
les plus utiles font quelquefois con-
trariées par des intérêts oppofés, &
toutes ne font pas d'un égal avantage.
Rien n'eft plus important pour un

état que de se faire des idées claires
& distinctes de toutes ces différences :
il s'expose autrement à agir au hazard;
il décrie son amitié ; il perd un allié
fidèle pour acquérir un faux ami ; &
tous ses projets se contrarient nécessairement.

Des états voisins sont naturellement ennemis les uns des autres, à
moins que leur foiblesse commune ne
les force à se liguer pour former une
République fédérative, & que leur
constitution semblable ou équivalente
à celle des Suisses, ne prévienne les
différends qu'occasionne le voisinage,
& n'étouffe cette jalousie secrette qui
porte tous les états à s'accroître au
préjudice de leurs voisins. Par une
raison contraire deux puissances sont
donc naturellement alliées, quand par
la position de leurs domaines elles ne
peuvent se faire aucun mal. Mais cette
alliance est froide & stérile, si elles
ne sont pas à portée de se procurer
réciproquement quelque avantage. La
mesure des services plus ou moins
importans qu'on peut se rendre, est

elle - même la mesure de l'alliance plus ou moins étroite , plus ou moins vive,qui doit être entre deux nations. La France & la Suéde sont, à l'égard de la Porte , le modèle de l'alliance qui puisse unir le plus intimement des états. Ces puissances ne peuvent se porter aucun préjudice , & retireront cependant de leur union les avantages les plus importans. Elles ont des ennemis communs , & par conséquent les hostilités d'un de ces alliés deviennent une diversion pour l'autre. La Suéde est voisine, dans le Nord , de la Russie dont les frontières au midi touchent à celles de la Porte ; & la Cour de Vienne , qui partage la Hongrie avec les Turcs , a des possessions sur le Rhin & dans les Pays-Bas. Plus ces alliés seront étroitement attachés à l'intérêt de leur alliance , plus leur crédit augmentera.

Entre des alliés de cette nature, il est aisé de juger sur quels principes doivent porter les négociations. Il ne s'agit ni de finesse , ni de surprise; le politique le plus habile , c'est celui

qui fera le plus de bien à son allié.
Ne pas prodiguer ses bons offices dans
la crainte de faire un ingrat, ce seroit
une erreur grossiere. Si je ne puis pas
compter sur la reconnoissance de mon
allié à la premiere occasion que j'aurai
besoin de son secours ; je ne dois pas
du moins lui fournir un prétexte de
me le refuser. Plus je le mettrai dans
son tort, s'il me manque, moins il
me manquera, & j'imposerai par cette
conduite à mes ennemis. Quand mon
allié aura péché contre ses intérêts en
ne me secourant pas, est-il raisonna-
ble que j'oublie les miens pour me
venger; & tandis que je dois travailler à resserrer le lien qui m'attache à
lui, faut-il achever de le rompre par
humeur ?

Il suffiroit de jetter les yeux sur une
Carte de Géographie, & d'y voir les
possessions de différentes puissances
pour juger quels sont leurs alliés ou
leurs ennemis naturels. Mais il est important de remarquer que des accidens particuliers changent & modi-
fient cette alliance ou cette cause de

haine & de rivalité en cent manieres différentes. De petits Princes, dont le territoire touche aux frontieres d'u-ne puissance considérable, peuvent ne la pas regarder comme leur ennemie, si elle est occupée elle-même par un ennemi puissant qui attire sur lui toute son attention ; ou si elle est assez sage pour connoître combien il lui importe de ne point s'accroître aux dépens des états qui ne lui portent aucun ombra-ge, & qui seroient forcés de lui obéir sans avoir été vaincus, si elle avoit ruiné les grandes puissances qui s'op-posent à sa fortune. Je ne m'étendrai point ici sur les devoirs réciproques qu'une saine politique exige entre de pareils voisins ; je ne ferois que répé-ter ce que j'ai dit dans les chapitres précédens, ou en tirer des consé-quences qui ne peuvent échaper à la pénétration de mes lecteurs.

Quelquefois deux grandes puis-sances qui se gènent, & devroient se donner des marques de leur haine, sont unies par quelque raison particu-lière ; telles sont la France & l'Espa-

gne depuis le commencement de ce
siècle. Les Rois de ces deux Royaumes étant unis par le sang, ont formé
une alliance entre leurs nations ; &
Philippe V, personnellement brouillé
avec tous les alliés naturels de ses
états, ne pouvoit compter que sur la
France pour faire valoir les droits de
ses fils du second lit sur la succession
de Parme & de Toscane. On a vu la
République des Provinces-Unies, peu
de temps après la paix des Pyrénées,
contracter l'alliance la plus étroite
avec la Cour de Madrid qui possédoit
les Pays-Bas. Comme les Hollandois
craignoient moins l'ancienne haine de
l'Espagne, dans l'état de foiblesse où
cette Monarchie étoit tombée, que
l'ambition de la France, dont toutes
les vues d'aggrandissement se tour-
noient du côté de la Flandre, ils
crurent qu'il étoit de leur intérêt de
soutenir un voisin qui leur paroissoit
beaucoup moins redoutable que son
ennemi ; & c'est parce que les Provinces-Unies ont contracté l'habitude
de craindre le voisinage de la France,

qu'elles ont voulu au commencement de ce siécle opposer une barrière à ses efforts, & qu'elles regardent encore aujourd'hui la Cour de Vienne comme leur rempart.

Souvent les domaines de deux puissances sont séparés, & cependant elles ne peuvent pas être alliées. Un exemple va faire comprendre ce que je veux dire. On assure que dans le voyage que le Czar Pierre le Grand fit en France pendant la minorité du Roi, il y eut quelque négociation entamée pour former une alliance entre la France & la Russie. Quand cette alliance auroit été conclue, c'eût été sans aucun avantage pour les contractans, car elle étoit contraire à leurs intérêts. Ce n'est que le Commerce qui peut unir les Cours de Petersbourg & de Versailles, & le Commerce, à moins qu'on ne traite avec un état purement commerçant, ne l'emporte jamais, & ne doit jamais l'emporter sur l'intérêt de la guerre, de la conservation & de la sureté de ses provinces. La Russie, par la position de ses provinces, doit être plus étroitement attachée à la Maison d'Autriche qu'à la France, puisqu'elle n'a d'ennemi commun qu'avec la premiere. Le Czar par une diversion favorable devient le défenseur de la Hongrie contre les armes de la Porte; & plus il se lie intimement à la Cour de Vienne, plus il impose au Grand Seigneur, qui doit craindre d'être obligé de se défendre sur le Danube, s'il veut porter la guerre sur le Nieper. La Russie auroit déplu à Vienne & à Londres, & la France se seroit rendue suspecte à la Porte & à la Suède par cette alliance. La réputation des contractans en eût souffert, & on les eût soupçonnés d'ignorance & de légereté. On voit par-là combien il seroit quelquefois dangereux de contracter des alliances; en croyant augmenter ses forces, on les affoibliroit.

S'il est sage de faire autant de bien qu'on peut à son allié naturel, il n'en faut pas cependant conclure que, pour affoiblir son ennemi, il faille s'appliquer à nuire aux Puissances qui lui font attachées, & doivent, dans le besoin, venir à son secours. Par cette conduite imprudente, on ne feroit que resserrer le lien qui les unit. Il faut en général se comporter à l'égard des alliés naturels de son ennemi, par les mêmes principes que j'ai établis pour la puissance dominante envers la rivale. On doit continuellement se défier d'eux. Il faut les obliger, les prévenir dans les affaires peu importantes, mais ne pas travailler à les rendre puissans, car on courroit risque de se repentir de ses bienfaits. Si un Prince sent la nécessité d'être uni à mon ennemi, s'il agit conformément à ses intérêts, pourquoi ne lui témoignerai-je pas que j'estime son amitié, quoique je prévoie que je combattrai un jour contre ses forces ? Dans le moment même de la rupture, je pourrai encore négocier avec lui, si je me suis comporté par des principes de justice & de générosité. S'il agit contre moi, ce sera parce qu'il y est obligé par quelque traité, & il n'y mettra point cet emportement qu'inspire la haine. Peut-être le séduirai-je assez par mes bons procédés, pour le porter à ne remplir les devoirs de son alliance qu'avec indifférence & lenteur. Peut-être trouvera-t-il quelques raisons pour s'en dispenser entierement, & j'aurai même un médiateur dans l'allié de mon ennemi.

Il arrive quelquefois que des alliés naturels se trouvent unis par une partie de leurs intérêts, & divisés par l'autre ; telle est, pour en donner un exemple, la position respective de le Cour de Vienne & de l'Angleterre. Leurs domaines sont situés de façon qu'elles ne peuvent se porter aucun dommage. Les Anglois doivent desirer que la Maison d'Autriche soit dans une situation florissante, puisque c'est l'épouventail dont ils se servent pour intimider la France, & l'empêcher de porter ses principales forces sur la mer. La Cour de Vienne de son côté favorise les Anglois ; n'étant point une puissance commerçante, elle n'est point jalouse de leur commerce, & le regarde au contraire comme la source des richeſſes qu'ils ont ſouvent prodiguées pour ſon ſervice.

Mais l'Angleterre eſt une puiſſance commerçante qui ne doit faire la guerre que pour l'avantage prochain, ou du moins éloigné de ſon commerce. La Maiſon d'Autriche au contraire, en ne devenant qu'une puiſſance du ſecond ordre depuis l'extinction de la branche de Charles-Quint, a cependant conſervé ſes anciennes prétentions, & n'a pas encore déſeſpéré de faire de grandes conquêtes. Voilà le point où les intérêts des deux alliés commencent à ſe contrarier. Preſque tous les Anglois ont enfin adopté les principes de Milord Bollinbroke ſur la paix d'Utrecht; ils ſentent qu'il ne faut pas rendre la Cour de Vienne aſſez puiſſante, pour qu'elle puiſſe ſe paſſer d'eux; qu'il faut entretenir ſon ambition, mais la modérer. Ils ne feroient en effet que des banquiers aux ordres des Autrichiens, s'ils avoient pour eux une complaiſance aveugle;

aveugle ; & ce n'eſt pas la peine de faire avec de grands dangers un commerce dans toutes les parties du monde, pour en ſacrifier tous les produits à l'ambition de ſon allié.

L'Angleterre, dans cette poſition délicate, a ſouvent eu une conduite qui mérite les plus grands éloges. Conciliant adroitement ſes intérêts à ceux de ſon allié, ſi elle s'oppoſe à ſon établiſſement de commerce à Oſtende, elle ſe rend garant de la Pragmatique-Sanction de l'Empereur Charles VI, & emploie tout ſon crédit à favoriſer ce nouvel ordre de ſucceſſion. Les Anglois ne négligent rien pour conſerver la Couronne Impériale à la Maiſon d'Autriche ; mais ils refuſent de prendre part à ſes guerres de Hongrie, dans la crainte de nuire à leur commerce dans les Echelles du Levant. Ils ſe font un mérite à la Porte de cette retenue, & par-là ſe mettent en état d'y ſervir la Cour de Vienne, lorſqu'ayant perdu en Hongrie cette ſurabondance de force qui la rendroit trop inquiette dans l'Occident, il eſt

F

de leur interêt de lui ménager la paix.

Ce fut une chofe ou fort habile, ou fort heureufe de la part de l'Angleterre, de ne point s'armer pendant la guerre qui s'alluma en 1733 entre la France & la Cour de Vienne. Le miniftère de Londres s'en repofa fur le caractère pacifique du Cardinal de Fleury, que les embarras de la guerre tenoient trop mal à fon aife pour qu'il fût tenté d'abufer des premiers fuccès des armées Françoifes. Sans doute que fi la France n'avoit pas figné en 1735 des articles préliminaires de paix, en établiffant une fufpenfion d'armes, les Anglois feroient venus au fecours de l'Empereur Charles VI: mais ils ne durent pas être fâchés que la Cour de Vienne eût fait une épreuve malheureufe de fes forces, &, en fe convainquant par fa propre expérience de la néceffité de conformer fes vues à celles de l'Angleterre, fût deformais moins entreprenante, & plus difpofée à fe prêter aux intérêts de fes alliés.

Quand des politiques mal-à-droits
manient de pareilles alliances, ils ne
manquent point de tout confondre &
de tout brouiller. Dans les occasions
où les intérêts sont communs, & que
des alliés par conséquent ne peuvent
trop se prévenir par de bons offices,
ni agir avec trop de candeur & de
zèle, ils cherchent à multiplier les
difficultés, & n'ayant devant les
yeux que les objets qui doivent les
diviser, ils tâtonnent dans toutes leurs
démarches, & par cette défiance retardent leurs opérations. Ils cherchent
à se surprendre, & ne mettent pas
même dans leurs négociations cette
franchise & cette bonne volonté que
des alliés naturels doivent encore
avoir en traitant les affaires mêmes
qui les forcent à ne pas agir de concert. Jamais, la balance à la main, de
pareils politiques ne sçavent peser
avec exactitude leurs intérêts différens ou opposés. Jamais ils ne les combinent avec les différentes circonstances où ils se trouvent successivement,
pour juger du plus ou du moins d'im-

portance qu'elles doivent y donner.
On s'abandonne au courant de la routine ; de-là des espérances trompées,
des mécomptes dans les calculs, &
tous ces reproches réciproques & indécens, qui ne remédiant point aux
maux passés, empêchent que des alliés désunis ne se rapprochent.

L'allié le plus puissant ne doit jamais abuser de sa supériorité pour ramener avec hauteur son allié à son
sentiment. Il le révolteroit, & il lui
importe, au contraire, de l'accoutu-
mer peu à peu par ses complaisances
à penser comme lui. On est ordinairement trop occupé des secours qu'on
peut attendre de son allié, & pas assez de ceux qu'on doit lui donner.
Cette erreur en produit mille autres,
qui rendent les négociations très-épi-
neuses entre deux alliés. Que la Cour
de Vienne ouvre les yeux sur sa situation. Qu'elle sente que les politiques
qui regardent encore la Maison d'Autriche comme la rivale de la France,
se trompent. Elle doit faire attention
qu'elle ne met dans l'alliance que des

bras inutiles, si l'argent des Anglois ne leur donne pas le mouvement, & qu'avec cet argent ils trouveront partout des amis. Mais, de son côté, l'Angleterre doit penser que les alliances nouvelles, toutes choses d'ailleurs égales, sont aussi fragiles que les anciennes sont assurées. Quelque bonnes intentions qu'ayent de nouveaux alliés, la lenteur de leurs négociations nuit toujours à l'exécution de leurs desseins. Ils sont quelque-temps à s'entendre avant que l'habitude leur apprenne à agir de concert, à voir les objets de la même maniere, & ait établi cette confiance qui fait passer par-dessus les petites difficultés.

Jamais les Anglois ne peuvent que servir avantageusement la Maison d'Autriche en venant à son secours; il y a, au contraire, des circonstances où la Cour de Vienne desserviroit l'Angleterre en prenant les armes en sa faveur. Les Anglois, par exemple, ayant une guerre maritime contre la France, qui est moins forte qu'eux sur mer, il seroit de leur intérêt de vuider leurs différends par eux-mêmes. S'ils engageoient leurs alliés à faire la guerre ſur terre à la France, ils attaqueroient, comme on dit, le taureau par les cornes. Obligés de donner des ſecours à leurs alliés, ils feroient eux-mêmes une diverſion à leurs affaires de mer, & vraiſemblablemeut ils feroient forcés en faiſant la paix, de reſtituer ce qu'ils auroient pris, pour faire rendre à leurs alliés ce qu'ils auroient perdu. Il paroît que les Anglois ont très-bien connu leur ſituation au commencement de la guerre préſente, & n'ont d'abord négocié que pour empêcher qu'elle ne s'allumât ſur terre. Mais que diront les politiques en voyant de quelle maniere le miniſtere de Londres s'eſt ſervi depuis un an de la ſupériorité de ſes forces? On a donné le temps à la France de ſe faire une marine, & de porter des ſecours en Amérique, où les Anglois, par leur tyrannie, avoient ſoulevé contre eux les naturels du pays. Après avoir exercé une piraterie inutile à leurs deſſeins, injuſte, & qui a dû les rendre odieux, ils n'ont ſongé à ſauver Minorque que quand le Fort Saint Philippe étoit aſſiégé ; l'eſcadre qu'ils ont enfin envoyée dans la Méditeranée, ne devoit être qu'un ſecours impuiſſant ; & une longue ſuite de fautes les à conduits à exciter en Allemagne une guerre, qui vraiſemblablement en les occupant trop dans le continent de l'Europe, les empêchera de penſer aſſez à la mer & à l'Amérique.

CHAPITRE X.

Des alliances fondées ſur des intérêts ou des accidens paſſagers.

QUAND on a des alliances qui ne ſont fondées que ſur des intérêts ou des accidens paſſagers, la plus grande faute qu'on puiſſe commettre, c'eſt de les regarder comme ſtables, permanentes & naturelles. Cette faute eſt plus commune qu'on ne penſe ;

on ne voit que des puiſſances qui ſe
trouvant rapprochées l'une de l'autre par quelque événement particulier, profitent d'un inſtant d'amitié
pour contracter des engagemens éternels. Pourquoi conclurre des traités
qui ne doivent jamais être exécutés,
& ſe mettre dans le cas de nuire à
ſes intérêts, ou de mériter les reproches de mauvaiſe foi & d'infidélité?

On n'a, & on ne peut avoir, que
des alliances paſſagères avec tout état
dont on n'eſt pas l'allié naturel; &
on s'expoſe encore à ne faire que de
fauſſes opérations, lorſqu'on n'eſt pas
extrêmement attentif à examiner ſi
l'intérêt qui a formé ces alliances paſſagères, ne s'affoiblit point. Les Princes de l'Empire qui craignoient, après
la paix de Munſter, que la Maiſon
d'Autriche humiliée ne voulût recouvrer ce qu'elle avoit perdu, & qui
regardoient l'Empereur comme l'ennemi capital de leur liberté, étoient
étroitement unis à la France. Tant que
ces ſentimens ſubſiſteroient, la ligue
du Rhin devoit être innébranlable.

Mais les Ministres qui succéderent au Cardinal Mazarin, ruinerent cet intérêt par les coups redoublés qu'ils porterent à l'Empereur & à sa Maison. A mesure que les Princes de l'Empire sentoient que l'Empereur Léopold, occupé de ses dangers présens, devoit moins songer à les subjuguer, les nœuds de l'alliance du Rhin devoient se relâcher ; le besoin n'étoit plus le même : le ministère de France ne s'en apperçut pas, & il fut surpris que l'Empire se laissât engager par l'Empereur à prendre la défense des Provinces-Unies dans les guerres de 1672.

Moins votre allié a besoin de votre alliance, moins il vous sera attaché. Si ses forces augmentent, soyez sûr que son affection pour vous diminuera; car il est naturel qu'un état qui se sent des forces, ait une certaine confiance qui le rend plus exigeant & plus hardi. Si ce changement de fortune est produit par quelque événement auquel la prudence n'ait aucune part, il sera accompagné d'orgueil & de témérité ; s'il eſt l'ouvrage d'une application induſtrieuſe à manier les affaires, l'état qui connoîtra le prix de ſes avantages, ne voudra pas riſquer imprudemment de les perdre. Ses démarches ſeront lentes & réfléchies; & il ne vous ſera attaché qu'autant que vous aurez travaillé à lui faire eſtimer votre alliance par une conduite pareille à la ſienne.

On a vu quelquefois des Miniſtres qui, en jugeant qu'une alliance n'étoit fondée que ſur des intérêts paſſagers, ont commencé à ſe défier d'avance des intentions de leur allié, ont été jaloux de ſes forces, & pour rendre plus forts les liens de ſon union, en le rendant plus dépendant, ſe ſont oppoſés ſecrettement à ſes ſuccès, ou l'ont ſervi avec froideur. Mais cette politique odieuſe n'a ſouvent ſervi qu'à hâter la défection qu'on craignoit, & toujours qu'à ſe priver d'une partie des avantages qu'on attendoit de ſon alliance. Tant qu'on eſt allié & que l'intérêt de l'être ſubſiſte, il faut ſe conduire par les principes de générosité & de fidélité qui doivent gouverner des alliés sincères. Avec des finesses, des rufes, des demi-services on ne trompe, ni on n'oblige personne, & si j'aliéne un de mes alliés, je me décrie auprès de tous les autres. En voyant qu'une alliance est passagère, si je n'oublie rien pour la rendre durable, ma réputation préviendra certainement tous les esprits en ma faveur. Quand mon allié m'abandonnera, parce qu'il n'est plus de son intérêt de m'être attaché, il craindra encore de m'offenser ; & les changemens qui surviennent continuellement en Europe me fourniront l'occasion de former quelque nouvelle alliance qui me dédommagera de celle que je perds, & qui, dès sa naissance, sera solide, parce que ma réputation aura donné de la confiance.

Il y a des alliances que la prospérité des alliés doit détruire, &, c'est ainsi que deux puissances éloignées l'une de l'autre, & liguées ensemble contre un ennemi commun qui les sé-

pare, font moins unies à mefure que
leurs fuccès rapprochent leurs frontières, & développent entre elles des
intérêts oppofés. Quand les fept Provinces-Unies prirent les armes pour
fe fouftraire au joug de la domination
Efpagnole, elles devinrent les alliées des ennemis de Philippe II; la
France devoit les feconder de tout
fon pouvoir, elle trouvoit un grand
avantage à entretenir une révolte qui
devoit occuper une partie confidéra-
ble des forces de la Cour de Madrid; &
la République naiffante qui ne fongeoit
qu'à faire reconnoître fon indépendance, n'avoit d'abord point d'autre
objet que la France; il falloit humilier l'Efpagne, voilà l'unique intérêt
des alliés. Mais dès que leurs fuccès
commencerent à répondre à leurs efpérances, leurs vues durent commencer à n'être pas les mêmes. La France
devoit naturellement fe propofer de
profiter de fa fupériorité pour faire des
conquêtes, & chaffer même entièrement
les Efpagnols des Pays-Bas. Il n'importoit, au contraire, aux Provinces-

Unies, que d'être libres ; & dès que la Cour d'Espagne étoit assez humiliée pour être contrainte à reconnoître leur indépendance, il leur étoit plus avantageux de voir la Flandre entre ses mains, que sous la domination de la France.

Il s'en faut bien que le Cardinal de Richelieu, trompé par son avidité ou par la haine que les Hollandois avoient contre les Espagnols, se soit comporté dans cette conjonĉture délicate, d'une manière digne de lui. Pour resserrer son alliance avec les Provinces-Unies, il devoit n'avoir que le même objet qu'elles se proposoient ; & c'étoit le véritable intérêt de la France ; car, que pouvoit-il lui arriver de plus heureux que de voir sur sa frontiere des Pays-Bas un voisin incapable de rien entreprendre, & qu'il eût été facile de contenir dans le devoir, parce qu'il se seroit trouvé resserré entre deux Puissances également intéressées à observer ses démarches, & dont l'alliance n'auroit souffert aucune altération ?

Mais si le Cardinal de Richelieu vouloit sacrifier l'état à sa passion de faire des conquêtes, dans ce cas-là même, ne fit-il pas encore une faute considérable, en signant à Paris le 8 février 1635 ce célèbre traité de partage, par lequel il convenoit avec les Provinces-Unies, de chasser les Espagnols des Pays-Bas, & de partager leurs dépouilles ? Cet accord auroit pu être utile à la naissance de la révolution ; il auroit échauffé l'ambition & la haine des Hollandois qui croyoient ne pouvoir jamais assez se venger de la tyrannie de Philippe II. Ils étoient alors aveuglés par leurs passions, & l'intérêt, comme je l'ai dit, étoit le même à Amsterdam & à Paris. Mais en 1635 les affaires avoient changé de face ; les esprits en Hollande plus calmes & plus instruits par une trêve de douze ans dont ils avoient senti les avantages, n'étoient plus capables des mêmes emportemens. Si Richelieu vouloit engager les Provinces-Unies dans une entreprise désormais contraire à leurs intérêts, pourquoi leur montroit-il toute ſon ambition, au lieu de la cacher ? A peine les Hollandois eurent-ils ſigné la convention de partage , qu'ouvrant les yeux ſur les intentions de la France, ils commencerent à connoître leurs intérêts. Ils furent effrayés, craignirent d'avoir à leur porte un ennemi bien plus redoutable que les Eſpagnols , & ſe repentant de leur traité, ſuſpendirent leurs efforts , & ne firent la guerre que mollement.

Quand deux alliés ſont parvenus au terme fatal qui leur donne des intérêts oppoſés, les fineſſes & les menſonges qu'ilsemployent pour ſe tromper mutuellement , leur ſont également pernicieux : un honnête franchiſe eſt le ſeul procédé qui puiſſe leur être avantageux. » C'eſt pour » être libres , devoient dire les Provinces-Unies à la France , que nous » avons ſecoué le joug des Eſpagnols; » & vous nous avez ſecourues dans » cette entrepriſe , parce que vous » l'avez regardée comme une diver-» ſion favorable contre une puiſſance

» inquiéte, qui depuis plus d'un siécle
» n'a cherché qu'à troubler le repos
» de vos Provinces & à les envahir.
» Comme votre bienfait n'a été qu'un
» bienfait politique, ayez la justice de
» n'exiger de nous qu'une reconnoif-
» fance politique. Si c'étoit vous of-
» fenfer, que de veiller à notre fureté,
» & de préférer le voifignage des
» Efpagnols à demi vaincus, à celui
» d'une nation que la grandeur de fon
» courage, & fes fecours mêmes,
» nous ont appris à redouter, vous
» deviendriez pour nous ce qu'a été
» autrefois l'Efpagne; nous devrions
» vous haïr. C'eft pour conferver vo-
» tre alliance, c'eft pour être en état
» de donner un libre cours à notre re-
» connoiffance, que nous ne voulons
» pas être vos voifins, & nous expo-
» fer à devenir vos ennemis. Que vous
» importe que le Roi d'Efpagne oc-
» cupe encore dans les Pays-Bas quel-
» ques provinces à demi ruinées,
» puifqu'étant unis nous la forcerons
» déformais à fe contenter de ce qu'il
» pofféde? Si la foibleffe eft pour vous

» une raison de vous emparer de ses
» domaines, vous êtes donc une puif-
» fance ambitieufe ; & bientôt, quand
» nos frontieres fe toucheront, la foi-
» bleffe de notre République fuffira
» donc pour vous déterminer à nous
» envahir. Nous croyons encore que
» c'eft plutôt par l'impulfion de votre
» ancienne haine contre la Maifon
» d'Autriche, que par les motifs d'u-
» ne ambition réfléchie que vous vou-
» lez vous emparer du Pays-Bas. Mais
» fi vous continuez à vouloir que nous
» préférions vos intérêts aux nôtres,
» ne rompez-vous pas par là-même
» notre alliance ? & ne feroit-ce pas
» courir ftupidement à notre perte,
» que de ne nous pas précautionner
» contre votre ambition ? De quoi la
France eût-elle eu à fe plaindre ?
Trouver mauvais que les circonftances
euffent changé, c'eût été trouver
mauvais d'avoir eu les fuccès qui l'a-
voient mife en état de faire la loi à la
Maifon d'Autriche ; & pouvoit-elle
exiger que les Province;-Unies fa-
crifiaffent leur liberté à une vaine reconnoiffance ?

Les Etats-Généraux au lieu d'agir avec cette candeur si convenable à une République qui avoit fait des choses dignes de la liberté pour laquelle elle combattoit, n'eurent qu'une conduite équivoque, qui, tour-à-tour, ôta & laissa à la France l'espérance de conserver leur amitié. Cette Couronne, loin d'espérer tour-à-tour & de craindre, en cédant successivement à toutes les impressions qu'on vouloit lui donner, devoit prévoir que les nouveaux intérêts de son allié l'emporteroient sur ses anciens préjugés. Elle auroit dû se décider : mais le traité du Cardinal de Richelieu étoit une chimère trop agréable pour pour y renoncer. Les Provinces-Unies signèrent leur paix particuliere à Munster, & la France n'ouvrit point encore les yeux. Après avoir fait les reproches les plus amers aux Etats-Généraux, elle se persuada que leur première haine contre l'Espagne subsistoit encore toute entière ; que leurs Ambassadeurs au congrès de Munster s'étoient laissé corrompre par l'argent de la Cour de Madrid , & que la République, honteuse de son ingratitude, seroit capable de tout faire pour réparer la prétendue faute de sa défection. Le Comte d'Estrades négocioit encore à la Haie conformément à ce plan extraordinaire ; & tandis qu'on se flattoit de tromper M. de Wit sur les intérêts de sa patrie, les Provinces-Unies conclurent avec l'Angleterre & la Suède la Triple Alliance , pour s'opposer aux progrès de Louis XIV dans les Pays-Bas. Les Ministres de France obligés de faire la paix à Aix-la Chapelle, & honteux de leur erreur, voulurent se venger sur la République de s'être trompés. Les deux états se haïrent, parce qu'ils n'avoient pas sçu renoncer à une alliance qu'il leur avoit été impossible d'entretenir, & cette haine a été la principale source de tous les maux, que l'un & l'autre ont depuis éprouvés.

Il est rare que les intérêts respectifs des états souffrent quelque changement pendant la paix. Dans la chaleur d'une grande guerre les besoins

font plus urgens, les paffions plus timides ou plus fiéres ; & le gain d'une
bataille, ou la prife d'une ville rapprochent fouvent des ennemis & fé-
parent des alliés. Mais c'eft après la
conclufion de la paix, qu'un Miniftre
des affaires étrangères doit principalement examiner quels changemens
les alliances peuvent avoir foufferts.
Plus les Princes auront fait de grands
facrifices, plus un Miniftre habile
trouvera d'ouverture à former de nouvelles liaifons. Un état qui abandonne quelque portion de fon territoire,
obéit à la néceffité, & ne perd pas
l'efpérance de recouvrer ce qu'il a
perdu. Le vainqueur craint qu'on ne
trame le projet de lui enlever fa conquête. Des alliés qui ont mal fait la
guerre, fe reprochent réciproquement leurs malheurs, & font prêts à fe
haïr. Ceux qui ont été heureux, fe
divifent quelquefois en partageant le
butin, ou leur chef qui les protége,
exige de leur reconnoiffance des com-
plaifances qui les humilieroient, &
qui les révoltent. De-là il doit né-

ceſſairement réſulter de nouveaux intérêts, ou des paſſions qui font enviſa-
ger les anciens ſous une face nouvelle.

Tandis que les politiques ſaiſiſſent
ordinairement avec aſſez d'habileté
ces petits intérêts propres à former
des alliances paſſagères, il ſeroit bien
ſurprenant de voir que les grandes révolutions qui changent tout le ſyſtême général de l'Europe, échappent à
leur pénétration ; ſi on ne ſçavoit que
la conſtitution de nos gouvernemens
eſt telle, que le hazard & l'intrigue
placent preſque toujours à la tête des
affaires les hommes qui doivent les
gouverner. Un ignorant ne peut point
avoir d'autre politique que la routine
de ſes bureaux , & un intriguant doit
penſer qu'une nation fait ſa fortune par
les mêmes moyens qu'il a fait la ſienne ; & dès-lors c'eſt aux paſſions , aux
préjugés & aux intérêts particuliers à
gouverner le monde.

La paix de Weſtphalie étoit faite ,
celle des Pyrénées avoit humilié l'orgueil de l'Eſpagne , & il n'y avoit
encore que les Hollandois qui ſoup-

çonnaſſent que la Maiſon d'Autriche, qui avoit été juſqu'alors la Puiſſance dominante de l'Europe n'étoit plus que la rivale de la France. L'Angleterre, qui depuis la pacification d'Utrecht, forme une puiſſance beaucoup plus conſidérable que la Cour de Vienne, n'avoit pas encore découvert en 1734, qu'elle étoit devenue la rivale de la France. Deux hommes (*a*) célèbres dans toute l'Europe, & qui ont le mieux connu l'intérieur de leur pays & ſon gouvernement, parloient alors au Parlement, comme on y avoit parlé ſous le regne de Guillaume III : il n'étoit queſtion que de veiller à la liberté générale, en conſervant encore l'équilibre entre la France & la Maiſon d'Autriche. Ce ſont cependant ces grands intérêts qui doivent donner le mouvement à tout le reſte. Les ignore-t-on ? Il eſt impoſſible que les peuples ſoient tranquilles ; & ils ſe déchireront par des guerres auſſi inu-

(*a*) M. Robert Walpole, & M. Pultenay, aujoud'hui Milord Bath.

tiles aux vainqueurs, que funestes aux vaincus.

A la mort de l'Empereur Charles VI, la plûpart des François furent persuadés que la France touchoit au moment desiré, où après avoir pris avec peine l'ascendant sur la Maison d'Autriche, elle alloit enfin dominer l'Europe, en achevant de ruiner une puissance qui en défendoit seule la liberté. Cette Cour de Vienne, disoit-on, va être réduite à posséder quelques provinces qui ne lui permettront de jouer qu'un rôle subalterne dans l'Empire même. Les Princes de Baviere, malgré l'acquisition de la Bohême, n'étant ni assez riches, ni assez forts pour corrompre ou intimider les Diétes d'Allemagne, & rendre, en quelque sorte, la Couronne héréditaire sur leur tête, auront continuellement besoin de l'amitié, des secours & de la protection des François ; cette Maison sera forcée par son propre intérêt à se conduire relativement aux vues de la Cour de Versailles.

La France, qui croyoit voir alors toutes ses frontières en sureté, devoit porter toutes ses forces sur la mer; & on ne doutoit pas que ses nombreuses escadres n'eussent sur l'Angleterre les mêmes avantages que ses armées de terre auroient eus sur la Cour de Vienne. Une perspective peu éloignée présentoit déja cette Carthage humiliée ; & les François après s'être enrichis par la ruine de son commerce, recommençoient à former de grandes armées de terre pour effrayer les puissances du continent. Le Roi de France déja accoutumé à gouverner l'Empire par l'Empereur son Lieutenant, devoit enfin se mettre sur la tête la Couronne de Charlemagne, faire subir le joug aux Princes de l'Empire; & des bords du Danube ou du Rhin envoyer ses ordres à toute l'Europe.

Ce beau projet, enfanté par le public peu instruit, n'étoit qu'un beau songe. Quand la Cour de Vienne auroit été ruinée, la France n'en auroit pas été plus près de la Monarchie

narchie univerſelle ; à une tête cou-
pée de l'hydre, il en auroit ſuccédé
une autre. Les intérêts de pluſieurs
puiſſances, en particulier, auroient
changé ; mais le ſyſtême général de
l'Europe n'auroit ſouffert aucun changement. Les Princes qui auroient dé-
pouillé l'Héritière de Charles VI, ſe
ſeroient hâtés de rechercher l'alliance
de l'Angleterre. L'Europe n'auroit
retenti que des mots d'équilibre, de
liberté & de tyrannie. Au lieu de la
Cour de Vienne, on auroit vu celle de
Berlin ou de Munich profiter de la
faveur des Anglois pour prendre dans
l'Empire l'autorité que les Princes
Autrichiens y ont exercée, & devenir ennemies de la France, dans l'eſpérance de s'aggrandir à ſes dépens.
Ses alliés mêmes les plus fidèles auroient vraiſemblablement fait tous
leurs efforts pour mériter l'amitié des
Anglois ; & la France, après bien des
ſuccès inutiles à ſa prétendue grandeur, auroit encore été obligée d'employer ſes principales forces ſur terre,
& de négliger ſa marine, & l'An-

G

gleterre auroit conservé sa supériorité sur mer.

CHAPITRE XI.

Qu'il est nécessaire d'avoir égard à la forme du gouvernement, à la situation & au génie des états avec lesquels on contracte des alliances.

J'AI prouvé qu'il falloit proportionner ses projets à l'étendue de ses forces & à la nature de son gouvernement, sans quoi la politique n'obtient que des succès bientôt démentis par des revers. J'ajouterai ici que pour se faire une regle certaine dans ses négociations, à l'égard de ses alliés naturels ou de ceux à qui on n'est attaché que par des accidens passagers, il faut examiner avec soin ce que les principes politiques de leur gouvernement, leurs mœurs, leurs usages & la situation topographique de leurs domaines permettent d'en attendre.

Plusieurs puissances, quoique considérables, se sont faits une maxime d'être neutres, elles ne cherchent qu'à se conserver ; & vouloir les engager à se mêler dans les affaires qui agitent l'Europe, ce seroit se donner beaucoup de mouvement sans fruit. Qu'un Ambassadeur de Vienne, de France ou de Londres tâche d'engager la République de Venise à prendre part dans les guerres d'Italie; son Sénat se décidera pour la paix, parce qu'on ne peut lui proposer que des avantages trop foibles pour l'emporter sur les craintes que lui cause la guerre. Employera-t-on, pour séduire les Vénitiens, les petites subtilités de l'intrigue & de la flatterie ? ce sera inutilement. Un Sénat n'est point comme un prince, ou comme le peuple dans la Démocratie, la dupe de quelques cajoleries. Le menacera-t-on ? Il espérera qu'une puissance qui estime assez ses forces pour vouloir les attirer dans son parti & s'en servir, ne le contraindra pas à les tourner contre elle.

G ij

Voudroit-on intéreſſer ſa prudence, en cherchant à lui faire peur de cette Monarchie univerſelle à laquelle on ne ſçauroit trop tôt s'oppoſer ? Le paſſé lui apprendra à ne pas craindre pour l'avenir ; & Veniſe attendra tranquillement que la puiſſance dont on la menace, s'affoibliſſe, & trouve dans ſon ambition même la cauſe de ſa décadence. Peut-être même que ſi cette ſage République n'occupoit que des terres arides & des montagnes où elle ne pût attirer aucunes richeſſes par le commerce, elle feroit un trafic de ſes hommes, comme font les Suiſſes, qui, ſans s'inquiéter des mouvemens d'ambition qui troublent leurs voiſins, vendent des Soldats à tous ceux qui veulent en acheter, & penſent que la forme même des gouvernemens Européens met entre les états un équilibre qui s'entretient tout ſeul.

Tout tend chez les Vénitiens à conſerver leur liberté, c'eſt-à-dire, à empêcher qu'une des familles patriciennes en qui réſide la ſouverai-

neté, ne s'éleve au-deſſus des autres
& ne les opprime. Ils ſçavent qu'en
devenant une puiſſance militaire &
ambitieuſe, il ſe formeroit parmi eux
des Sylla, des Pompée, des Céſar;
& tandis que les Patriciens ſe ſont
bornés aux fonctions civiles du gou-
nement, leur Général qui n'eſt lui-
même qu'un étranger & un merce-
naire, n'a aucun crédit dans la République. Les Suiſſes dont les Cantons
forment autant de Républiques libres, ſouveraines & indépendantes,
ont tout ce qu'il faut pour ſe défendre
chez eux, n'ont rien de ce qui eſt
néceſſaire pour faire la guerre avec
avantage au dehors, & par conſéquent ne peuvent point être conquérans.

Quand des peuples ainſi gênés par
leur conſtitution politique, portent
en eux-mêmes un obſtacle à l'ambition
qu'on veut leur donner, il ſeroit
inutile de cultiver leur amitié dans
la vue de s'en faire des Alliés pendant la guerre. Le négociateur le plus
habile à manier les eſprits, échoue-

roit vraisemblablement en proposant des traités de ligue ; ou si par un hazard singulier il réussissoit dans son entreprise , il n'auroit rendu à sa patrie qu'un service dangereux. Ce nouvel allié agiroit froidement malgré lui , parce que les ressorts de son gouvernement ne sont pas montés pour le faire agir avec vivacité. Il ne rempliroit qu'une partie de ses engagemens ; il les rempliroit tard; & après n'avoir été presque d'aucune utilité pendant la guerre , il finiroit par être à charge à la conclusion de la paix : car il faudroit ou le payer de ses prétendus services , ou se deshonorer en abandonnant ses intérêts.

Quelques autres états se sont donné des entraves par leurs loix , telle est entre autres la Pologne qui n'a point trouvé d'autre moyen pour conserver sa liberté , que de se mettre dans l'impuissance d'agir , & même de prendre une résolution. C'est un bonheur pour l'humanité qu'il y ait plusieurs de ces puissances neutres. Le sang humain est épargné , la paix trouve des afyles & des médiateurs. Ces puiffances ne font point ennemies des états qui veulent s'aggrandir, & quoiqu'elles ne foient que d'inutiles alliés, il faut les prévenir par de bons offices. Par cette conduite on les entretiendra dans leur neutralité, on fe fera une réputation de générofité ; & d'ailleurs la paix peut leur fournir des occafions de témoigner leur reconnoiffance à leur bienfaiteur. Mais il ne faut contracter avec elles aucun engagement de fervice réciproque relativement à la guerre. En obligeant un ingrat, on s'accoutumeroit peut-être à compter fauffement fur fa reconnoiffance ; & il fera toujours imprudent de s'engager à faire la guerre pour les intérêts d'un état qui eft incapable de la faire lui-même heureufement.

Il femble que les Provinces-Unies n'auroient dû prendre aucune part aux guerres qui n'intéreffoient pas directement leurs domaines. Leur traité d'union n'en fait en quelque forte qu'un corps de Républiques confédérées qui ne peuvent avoir cet accord qui est l'ame des succès militaires ; & la forme de leurs Etats Généraux & Particuliers les expose à d'extrêmes lenteurs. Leurs citoyens ne font riches que par la pêche & le commerce. D'ailleurs elles ne possédent qu'un pays assez mauvais, qu'elles défendent à grands frais contre la mer, & qui seroit à charge à tout Prince qui en feroit la conquête.

Tant de raisons auroient sans doute fait des Provinces-Unies une puissance neutre : mais elles s'étoient accoutumées à manier les armes pendant la longue guerre qui les rendit libres ; elles avoient dans leur sein la famille d'un Prince qui avoit créé la République, & une Noblesse qui ne pouvoit se résoudre à mener une vie bourgeoise & commerçante ; les Provinces qui touchent à leurs frontieres, étoient devenues le théatre de la guerre la plus opiniâtre ; le courage avec lequel la République avoit conquis sa liberté, & ses richesses immenses porterent les Princes

les plus puiffans à rechercher à l'envi
fon alliance. L'orgueil étouffa fa politique ; & les Hollandois flattés de
l'honneur dangereux de traiter avec
des Rois , fe firent imprudemment
des ennemis. Après cette premiere
démarche il n'étoit plus temps de
revenir fur fes pas & de changer de
conduite. Les Provinces - Unies é-
toient liées par des engagemens , &
fi elles n'avoient pas confenti à fa-
crifier une partie de leurs richeffes à
fervir l'ambition des autres puiffances , peut - être fe feroit-il fait une
conjuration générale contre elles ; car
leurs alliés mêmes étoient jaloux de
leur grandeur , & tous les états auroient trouvé un avantage particulier
à les ruiner. Quelle foule de branches
de commerce ne fe feroit pas en effet
formée pour les Anglois, les François, les Danois , les Suédois , les
Portugais, les villes Anféatiques, &c.
en accablant un peuple qui s'étant
rendues propres les richeffes de toutes
les nations dont la pareffe étouffe
l'induftrie , étoit devenu le col-

G v

porteur du monde entier ?

Ce défaut de constitution mit dans l'état des intérêts opposés, une classe des Citoyens vouloit la guerre , & l'autre la paix ; d'où il résultoit que la République faisoit presque toujours ce qu'elle ne devoit pas faire , & presque toujours mal ce qu'elle faisoit. Qu'on jette les yeux sur les dépêches du Maréchal d'Estrades & du Comte d'Avaux, on verra que les Etats Généraux n'offrent qu'une scène toujours mouvante , & que les opérations des Ministres étrangers toujours subordonnées aux intrigues , aux artifices & aux intérêts des différens partis qui dominent tour-à-tour , ne portoient jamais que sur des conjectures incertaines.

Au lieu de se plaindre inutilement de la République , pourquoi les Princes qui négocierent les premiers avec elle , ne dirigerent-ils pas leurs négociations relativement à la nature de son gouvernement ? Les Hollandois ont sans doute tort d'avoir une constitution qui les empêche de

remplir avec exactitude leurs engagemens, en même temps qu'ils en
contractent de tous côtés ; mais les
Princes qui traiterent avec eux ,
furent-ils moins blamables d'acheter
cherement leur amitié & des promesses
incertaines. Si le Conseil de France
avoit exactement calculé les avantages
qu'il pouvoit espérer de ses négociations à la Haie , il se seroit bien
gardé de conclure en 1662 une alliance dont il se repentit bientôt après.
» Je vous avoue, écrivoit Louis XIV
» (a) au Comte d'Estrades , que je
» ne me trouve pas dans un petit em-
» barras, considérant que si j'exécute
» à la lettre le traité de 1662 , je ferai
» un très-grand préjudice à mes prin-
» cipaux intérêts ; & cela pour des
» gens dont non seulement je ne ti-
» rerai aucune assistance, mais que je
» trouverai contraires dans le seul cas
» où j'aurai besoin de les avoir favo-
» rables ; & alors les assistances que
» je leur aurai donn ées, tourneront
» contre moi-même. «

(a) Lettre du 19 décembre 1664.

Dès qu'une pareille puiſſance prend part aux affaires de l'Europe, malgré ſa conſtitution qui devroit l'en exclure, il ſeroit imprudent de négliger ſon alliance & de ne pas continuellement négocier avec elle. Comme elle a pris l'habitude d'agir, je puis eſpérer de la déterminer à prendre mes intérêts & me donner des ſecours ; & je dois craindre au moins que mes ennemis ne profitaſſent de mon inaction pour l'aigrir & la ſoulever contre moi.

Je ne veux point prévoir qu'elle ſera la politique des Statouders héréditaires, lorſqu'après avoir affermi & étendu leur autorité, leur intérêt particulier ſera devenu l'intérêt général de la nation ; mais en attendant ce moment fatal, il y aura entre le Statouderat & la Magiſtrature les mêmes diviſions qui agiterent les Provinces-Unies depuis la paix (*a*) de Nimègue, juſqu'au temps que le

(*a*) Voyez les négociations de M. le Comte d'Avaux, Ambaſſadeur de France à la Haye, aptès la paix de Nimègue.

parti du Prince d'Orange prit l'af-cendant dans les Etats & gouverna les affaires à son gré. Il sera facile aux puissances étrangeres d'obstruer, si je puis parler ainsi , tout le corps de la République , d'en arrêter les mouvemens , & de l'empêcher d'agir. Un parti servira d'entrave à l'autre. Plus la République paroîtra vouloir agir, moins elle agira ; & les Princes ses Alliés qui auront compté sur des secours proportionnés à ses forces , pour le succès de leurs entreprises , courront risque de les voir échouer.

L'Empire, cet état si puissant, si on considere en détail les forces de chacun de ses Princes, seroit destiné par sa situation à faire un rôle im-portant dans l'Europe dont il occupe le centre, si toutes ses parties unies par un même intérêt , étoient capa-bles d'agir de concert. Le bien général de l'Empire , si on entend par ce mot autre chose que la liberté de ses membres , n'est qu'une chimere pour tous les Princes en particulier. Il im-porte peu à chacun d'eux que l'Empire aggrandiſſe ſon territoire , car aucun d'eux n'en ſeroit plus puiſſant ; ainſi le corps Germanique n'ayant point d'objet général d'ambition, n'eſt qu'une maſſe lente à ſe mouvoir. Selon toutes les apparences, il n'auroit jamais fait la guerre que pour ſa propre défenſe , ſi les Empereurs qui poſſédoient de grandes ſouverainetés hors de l'Allemagne, n'avoient eu l'art d'engager quelques-uns de leurs principaux feudataires à ſe liguer avec eux pour défendre l'Eſpagne , le Milanez , le Royaume de Naples , la Hongrie ou les Pays-Bas ; & ces ligues particulieres ont accoutumé peu à peu tout le corps de l'Empire à céder aux impreſſions que vouloient lui donner ſes membres les plus puiſſans.

L'Allemagne ouvre un vaſte théâtre à l'habileté des négociateurs. Ses Princes unis par des loix qu'ils ne reſpectent qu'autant qu'ils ſont foibles , ſont libres de traiter avec les étrangers pour leurs intérêts particuliers. Il n'y a point de temps ni de circonstance où un politique sçavant ne trouve des alliés & des secours dans l'Empire, quand il s'agiroit même d'y porter la guerre, tant l'intérêt particulier prévaut sur le bien général. Il n'est question que de montrer des forces proportionnées à l'entreprise qu'on médite, de connoître les prétentions opposées des Princes, & en répandant à propos des subsides, d'aigrir leurs jalousies, de multiplier leurs soupçons, & de profiter de leurs haines.

En négociant avec les états libres, il faut avoir égard à leurs passions & à leurs préjugés, parce qu'ils ont une grande influence dans leur politique, & en suspendent ou hâtent les opérations. Je doute, par exemple, quand un intérêt réel uniroit les François & les Anglois pour une même entreprise, qu'ils tirassent de leur alliance tout l'avantage qu'ils en pourroient attendre. Quoique le Roi d'Angleterre ait droit de traiter à son gré avec les étrangers, seroit-il prudent de compter sur ses engagemens, s'ils étoient désagréables à sa nation? Per-sonne n'ignore comment Charles II gèné par les murmures de son Par-lement, se comporta dans la guerre de 1672 ; & si la France avoit formé une entreprise où les secours des Anglois lui eussent été nécessaires , n'auroit-elle pas échoué dès la seconde campagne ? La convention signée au Pardo , il y a seize ans , entre la cour de Londres & l'Espagne, est encore une preuve plus récente de ce que je dis. Ce traité devint inutile, & la nation Angloise qui ne vouloit aucun accommodement , força le mi-nistere à faire la guerre. Mais aussi rien n'est plus sûr ni plus solide que les alliances contractées avec les peuples libres , quand elles sont con-formes à leur goût & confirmées par l'habitude d'agir de concert.

La position topographique d'une puissance est quelquefois un obstacle àce que son allié puisse & doive par conséquent en exiger une diver-sion en sa faveur ; nous en avons vu un exemple dans la derniere guerre.

Lorsque la France & l'Espagne voulurent attaquer les états que l'Impératrice-Reine possede en Italie, & que le Roi de Sardaigne défendoit, il étoit de leur intérêt que la Cour de Naples se déclarât pour la neutralité; ses forces n'étoient point capables d'ouvrir l'entrée de l'Italie à ses alliés, & en faisant une diversion elle s'exposoit à recevoir plus de mal qu'elle ne pouvoit faire de bien à l'Espagne & à la France. Ces deux Couronnes furent souvent inquiétes pendant le cours de le guerre sur le sort du Royaume de Naples; & si les Autrichiens au lieu d'entrer en Provence par les états de Gênes, avoient porté leurs forces contre Naples, quel échet la France & l'Espagne n'auroient-elles pas souffert par la perte de leur allié, que l'Angleterre, maîtresse alors de la Méditerranée, auroit tenu bloqué sans espérance de secours, tandis que l'armée Autrichienne auroit fait des conquêtes dans l'intérieur du pays.

Quelque alliance qu'on ait avec un

état monarchique , il eſt ſage de moins compter ſur les engagemens qu'il a contractés que ſur ceux qu'il peut en effet remplir. Tantôt tout eſt aiſé à une monarchie , tantôt tout lui devient impoſſible; & ſans avoir éprouvé aucun changement ſenſible ni au dehors ni au dedans , elle eſt forte ou foible , ſuivant que ſes forces ſont gouvernées par un Prince courageux ou timide , éclairé ou peu inſtruit. Comme cette forme de gouvernement eſt ſujette même aux inconvéniens de l'anarchie ; car on a vu quelquefois des princes abſolus n'avoir point de volonté , ou vouloir à la fois tout ce que vouloient leurs miniſtres diviſés d'intérêt & de ſentiment : il eſt aiſé de juger que rien n'eſt plus fragile que ces traités de prévoyance & ces garanties qu'on ſigne avec un état monarchique pour un avenir incertain. Ces inconvéniens dont je parle, doivent être fréquens en Europe : qu'on ne s'enorgueilliſſe donc pas du nombre de ſes alliés. Veut-on ſe faire une règle ſure, que l'on ne compte que fur la moitié des forces de fon allié ? Quand le moment d'exiger l'exécution d'un traité eft arrivé , il faut fe conformer aux circonftances préfentes , fi on veut ne pas faire d'opération fauffe. Quelques négociateurs à force d'art, d'intrigue & d'inftances , ont alors abufé de la foibleffe , de l'ignorance ou de la pareffe d'un Prince pour l'engager dans des démarches qu'il étoit incapable de foutenir. Mais quel a été le fruit de ces négociations ? On cherchoit un allié dont les fecours fuffent utiles , & on fe trouve chargé d'un allié dont il faut fans ceffe réparer les bevues , les négligences & les pertes.

CHAPITRE XII.

Des alliances fondées sur la parenté.

L E s liaisons du sang ont peut-être contribué plus que tout le reste aux inconséquences de notre politique moderne. Elles dérangent tous les systêmes, & mettent de petites affections domestiques à la place des grands intérêts qui devroient faire agir les Princes pour le bien de leur nation, ou du moins pour l'avantage de leur maison. On ne peut établir à cet égard aucune règle certaine. *J'aimerois mieux un moulin pour mon fils ,* disoit le feu Roi Victor, *que marier ma fille au Duc de Bourgogne ;* mais un autre Prince sacrifiera son héritier à l'établissement de sa fille , & il est certain que l'intérêt a fait parmi les Souverains autant de mauvais parens, qu'une tendresse aveugle a fait oublier à d'autres la gloire & la sureté de leur Royaume.

Plus communément les liens du

fang ne forment que des alliances équivoques. Un Roi qui eſt entraîné par l'amitié, ſçait encore ce qu'il doit à ſon Etat: en voulant concilier des ſentimens oppoſés, il arrive qu'il obéit tour-à-tour aux uns & aux autres, & qu'auſſi mauvais politique que mauvais parent, il nuit à ſes intérêts, & ſert mal ceux qu'il croit ſervir. Quoiqu'il en ſoit, la politique a raiſon de regarder les liaiſons du ſang, comme des accidens propres à former des alliances paſſagères, ſur leſquelles elle doit fonder de plus grandes ou de moindres eſpérances, ſuivant que les Princes avec qui on traite, ſont plus ou moins touchés des intérêts de leur Royaume, ou qu'ils ſe laiſſent plus ou moins gouverner par l'attrait d'une tendreſſe particulière.

Des Princes ont beau avoir une origine commune, ils ceſſent d'être amis quand leurs Etats ont des intérêts oppoſés. Un peuple ne doit donc pas faire la guerre pour placer ſes Princes ſur des trônes étrangers; il acheteroit trop chèrement un avantage inutile, ſi la nation à laquelle il veut donner un Roi, eſt ſon alliée naturelle ; & un avantage court & paſſager, ſi elle eſt ſon ennemie : il arrive même quelquefois que des tracaſſeries de famille brouillent des puiſſances qui auroient été amies. *Il n'y a déſormais plus de Pyrénées*, dit Louis XIV à Philippe V qui partoit pour l'Eſpagne. Les ennemis de la France prirent ce compliment poli qui ne ſignifioit rien, pour le réſultat de toute la politique de l'ayeul & du petit-fils. On crut que les deux Monarques avoient fait un complot pour aſſervir le reſte de l'Europe, que les Cours de Madrid & de Verſailles déſormais étroitement unies, n'auroient qu'un même inrérêt, & que l'ambition commune qu'on leur ſuppoſoit, ne les diviſeroit point, quand il feroit queſtion de partager les conquêtes qu'elles auroient faites à frais communs. En voulant prévenir un mal imaginaire (*a*), les alliés

(*a*) Voyez le Droit public de l'Europe fondé fur les traités. Difcours préliminaire du chap. 7.

s'en firent un réel. Si Philippe V avoit succédé, sans contradiction, à Charles II, il auroit eu nécessairement les mêmes intérêts & la même politique que ses prédécesseurs ; sa reconnoissance auroit été courte. Ses ennemis affermirent l'alliance qu'ils redoutoient, parce que l'Espagne offensée par tous ses anciens alliés, ne pouvoit espérer de se venger que par le secours de la France.

CHAPITRE XIII.

Du pouvoir des circonstances sur la politique. Des négociations relativement au temps qui succéde immédiatement à la conclusion de la paix.

Il est si rare que les hommes qui paroissent gouverner les affaires, les gouvenent en effet ; & si commun de les voir obéir aux événemens, qu'il en résulte que les conjonctures différentes dans lesquelles on se trouve successivement, doivent exciter tour-à-tour

différentes paffions, & impofer, par
conféquent, des devoirs différens aux
politiques. Moins les puiffances font
attachées aux principes fondamentaux que j'ai établis jufqu'ici, plus les
paffions doivent avoir de force & faire illufion ; ce n'eft point affez pour
un homme d'état de réfifter à leur tyrannie , il faut encore qu'il fçache
quel en eft le jeu dans le cœur de fes
alliés & de fes ennemis. En temps de
paix les affaires fe traitent autrement
qu'en temps de guerre, parce que les
circonftances font différentes ; &
tel eft leur pouvoir, que la conduite
qui réuffiroit dans une négociation
particulière, échoueroit dans les conférences d'un Congrès.

Quand deux états font également
laffés de la guerre, parce qu'ils font
dans une impuiffance égale de la continuer , & qu'ils n'ont fçu profiter des
avantages que le hazard leur a donnés, ni ménager leurs forces, ni réparer leurs pertes ; il eft rare que les
conditions de la paix terminent définitivement les principales affaires ,

pour

pour peu qu'elles fuſſent compliquées avant la rupture. Tout vicieux qu'eſt un traité fait à la hâte & par laſſitude , il entretiendra cependant le calme. Après des malheurs , on préſume moins de ſes forces. La crainte de retomber dans les maux dont on eſt à peine ſorti , étouffe toutes les eſpérances , & fait agir avec une extrême circonſpection. On n'oſe preſque pas entretenir de relation avec ſes alliés , & on paroît quelquefois donner ſa principale confiance à l'ennemi avec lequel on vient de ſe réconcilier. Toutes les ambaſſades ne ſont que de décoration ; on ſe fait , de part & d'autre , des proteſtations inutiles d'attachement ; & en craignant d'ouvrir les yeux ſur les défauts de la paix qu'on a conclue , on croit avoir une grande fineſſe , quand on choiſit des Ambaſſadeurs qui aiment le faſte & la dépenſe , & qui ſe ruinent pour perſuader que leur maître eſt riche , & que ſon Royaume n'eſt pas épuiſé.

Si la paix ramene les plaiſirs dans

les deux Cours, si on y néglige de réparer les maux intérieurs que la guerre a
causés, si on n'y donne aucune attention sérieuse aux affaires, alors la paix
durera. Des gouvernemens qui s'accoutument à leur humiliation, dissi-
muleront les petites injures, & trouveront toujours de mauvaises raisons,
mais qui paroîtront bonnes, pour se
consoler des torts médiocres qu'on
leur fera. La crainte & une certaine
mollesse qui l'accompagne, feront le
succès des négociations, ou empê-
cheront de suivre celles qui font trop
difficiles ; jusqu'à ce qu'enfin quelque
affaire imprévue, négligée, ou dont
on n'aura pas l'habileté de prévenir
les suites, contraigne à reprendre les
armes.

Quand la guerre est terminée par
l'épuisement des puissances belligérantes, & que cet épuisement n'a été
lui-même produit que par leur courage, leur opiniâtreté à se servir de leurs
dernières ressources plutôt que de
céder, &, en un mot, par une habileté égale qui leur a procuré des suc-

cès égaux, elles souffrent de la guerre, & n'en sont pas lasses. A la paix,
elles reprennent haleine, comme des
athletes, pour se battre encore avec
plus d'acharnement. Leur traité laisse
les affaires indécises : mais cette in-
décision, cette obscurité qui enve-
loppe les articles de la paix, offre, si
je puis parler ainsi, je ne sçais quoi de
grand à l'esprit. Ce n'est point la nonchalance impuissante de ces négociateurs pressés de finir, & qui n'osent
s'expliquer. On voit, pour ainsi dire,
l'effort qu'on a fait de part & d'autre
pour rendre un traité équivoque, &
se ménager la faculté de l'interpréter
à son avantage dans des circonstances plus favorables. Les négociations
sont alors extrêmement délicates &
difficiles. La puissance la plus habile,
dans ces circonstances, c'est celle qui
tempere le plus son impatience de se
venger, & qui, en observant son ennemi, attend de pouvoir l'accabler,
sans s'affoiblir par de trop grands efforts. Son courage lui sera moins utile que la modération, & le moment

H ij

de négocier avec fes alliés, ou d'en chercher de nouveaux, n'eft arrivé que lorfqu'elle a réparé fes pertes, & que fa fituation floriffante leur donnera de juftes efpérances.

La paix peut être folidement affermie, quand une puiffance victorieufe a fait éprouver fa fupériorité à fon ennemi humilié, & qu'elle confent à défarmer, lorfqu'elle eft encore en état de faire la guerre. Cependant, pour tirer un prognoftic plus certain de la durée de la paix, il faut examiner quelle a été l'origine de la guerre, & quel efprit a conduit les négociations qui l'ont terminée. Le vainqueur a-t-il pris les armes pour une affaire peu importante en elle-même, & qui pouvoit aifément s'accommoder? Dans les négociations de la paix, a-t-il été dur & orgueilleux? A-t-il agi par des voies fourdes & détournées? Soyez fûr que, devenu plus inquiet par fes fuccès, il ne cherchera que des prétextes pour fatisfaire fon ambition. Tous les momens font alors précieux, il faut fe hâter de négocier & de for mer des ligues contre lui. Mais ſi, avant que de tirer l'épée, il a tenté tous les moyens de conciliation, ſi ſes ſuccès ne l'ont pas enyvré, ſi la bonne foi a été l'ame de ſa politique, il eſt vraiſemblable qu'il n'abuſera pas ſi-tôt de ſa proſpérité. Sa modération tempérera dans ſes ennemis vaincus le deſir de ſe venger, & il trouvera ſans peine des alliés.

Jamais la guerre n'eſt plus prochaine que quand quelques Princes négligent leurs affaires pour ne s'occuper que de leurs plaiſirs, tandis que d'autres s'appliquent à réformer les abus de leurs états. La paix, au contraire, n'eſt jamais plus ſolidement affermie que quand les principales puiſſances de l'Europe ſe mettent en état, par une ſage conduite, de faire la guerre avantageuſement. On n'oſe pas s'offenſer dans cette ſituation, & cette retenue n'eſt pas le fruit d'une crainte baſſe, qui ne fait faire que des fautes, & qui n'eſt jamais conſéquente, mais d'une prudence éclairée qui ſçait apprécier, prévoir & prévenir le danger.   H iij

CHAPITRE XIV.

Des mouvemens qui semblent altérer la paix & annoncer la guerre. Principes des négociations relativement à cet objet.

DÉS que l'Europe éprouve quelque agitation, on préviendroit bien des maux, si chaque puissance se demandoit à elle-même : La guerre que je puis faire, seroit-elle juste ? En la supposant légitime, m'importe-t-il de la faire, c'est-à-dire, l'objet que je me propose, est-il d'un si grand prix, qu'il faille l'acquérir par une guerre ? Quels moyens ai-je entre les mains pour la faire heureusement ? Quels avantages puis-je raisonnablement me promettre sur mes ennemis ? Si la fortune trahit mes espérances, comment lasserai-je ses caprices ? Quelles sont mes ressources ? Combien d'échets puis-je essuyer sans succomber ? Ces questions préliminaires dispoſeroient à la paix tout Prince aſſez modéré, ou plutôt aſſez prudent pour ſe les faire.

Plus la paix a été longue, plus les négociations deviennent incertaines. Comme on a moins préſens à la mémoire les inconvéniens de la guerre, on les craint moins. Les états ſentent en eux-mêmes une certaine ſurabondance de force, qui conduit, ſans qu'on s'en apperçoive, à faire des démarches précipitées. Les eſprits ont plus d'aigreur & de fierté ; le point d'honneur dont on ſe pique, eſt plus délicat ; & ſi la politique, à force d'art & de ménagemens, ne ſçait pas calmer les paſſions, on commence ſouvent par légereté les premieres hoſtilités.

Lorſque le calme n'eſt altéré que par des puiſſances d'un ordre inférieur, il eſt aiſé d'ajuſter leurs différends, pourvu que les puiſſances les plus conſidérables aiment ſincèrement la paix. Leur médiation ne peut être rejettée ; & quand elles voudront être juſtes, l'avis qu'elles

auront donné comme arbitres, deviendra un jugement auquel on se
soumettra. La faute que font le plus
communément ces arbitres, c'est de
témoigner à l'une des parties qu'ils
veulent accommoder, que ses intérêts
leur font plus chers que ceux de la
justice. Loin de la préparer par là
à suivre leurs conseils, ils lui donnent
plus d'espérance de réussir dans ses
desseins ; & par conséquent elle les
suit avec plus de chaleur & d'opi-
niatreté. Les grandes puissances devroient dans ces occasions plus négocier entr'elles, qu'avec les Princes
dont elles veulent terminer les querelles naissantes. Si elles étoient con-
venues de prononcer leur avis de concert, & de ne prendre aucune part
aux différends qu'elles ne pourroient
accommoder, on auroit déjà travaillé
bien utilement pour la paix. Mais
ordinairement chaque arbitre, plus
jaloux de la manière dont l'affaire
réussira, que de son succès réel, veut
attirer à lui tout l'honneur de la médiation. On s'échauffe : de médiateur

on devient partie; & un différend qui
auroit dû être terminé par une négociation courte & facile , allume
quelquefois une guerre générale.

Avant que d'entamer des négociations souvent inutiles, pour étouffer
une querelle élevée entre deux puissances considérables, chacune d'elles
devroit commencer, si je ne me trompe , par tâcher de pénétrer l'esprit
& les vues de son adversaire ; sans
cette connoissance on marche à tâton
& on ne réussira que par hazard. Qu'un
Prince propose de remettre la décision de son différend à l'arbitrage de
quelque puissance qui nait aucun intérêt d'être injuste ; si l'état à qui
on fait cette offre , y consent, c'est un
signe que l'esprit de paix domine
dans ses conseils ; & en voulant être
juste de son côté , on peut être comme
assuré que la tranquillité publique ne
sera pas altérée.

Tant que les puissances qui négocient , peuvent se faire des sa-
crifices réciproques , ce ne seroit que
par une mal-adresse extrême, que celle

qui désire la paix, ne connoîtroit pas promptement à quoi elle doit s'en tenir. Qu'au lieu de prendre de longs detours, de demander ce qu'elle ne souhaite pas, & de proposer à son adversaire des conditions qu'il ne doit pas accorder, elle mette en avant les moyens les plus raisonnables d'accommodement. Si on les rejette, qu'elle fasse des demandes moins sages pour juger si c'est par mauvaise volonté, ou simplement par travers d'esprit, qu'on ne s'est pas prêté à ses propositions. Est-ce défaut de lumiere ? Toute espérance de conserver la paix n'est pas encore évanouie : avec de la patience & les ménagemens propres à réduire un esprit inconféquent, on peut espérer de ramener son adversaire au but qu'on se propose. Mais si c'est mauvaise volonté ; si un Prince rejette aujourd'hui les offres qu'il fit hier ; si sa négociation s'embrouille au lieu d'éclaircir les difficultés ; s'il multiplie ses demandes à mesure qu'on a pour lui des complaisances ; c'est un ennemi secret qui ne négocie que pour ne pas paroître auteur de la guerre qu'il desire. Ce seroit être dupe que de ne pas s'attendre à trancher les difficultés avec l'épée. Les négociations doivent alors changer d'objet ; & pour n'être pas pris au dépourvu, il faut chercher des alliés, & ne pas courir inutilement après la paix.

Quand les troubles dont on est menacé, intéressent à la fois plusieurs Princes puissans, leur consentement à tenir un congrès, est la disposition la plus favorable que les peuples puissent desirer. Ces conférences indiquent qu'on craint la guerre. Souvent les querelles y sont terminées par des conventions générales ou par des traités particuliers, qui réduisent la puissance la plus opiniâtre à se ranger au sentiment général. Il est rare du moins qu'on ne trouve quelque palliatif qui donne le temps aux esprits de se calmer, & à la fortune d'amener des évenemens qui changent la situation des affaires. Nous en avons vu un exemple remarquable dans le

H vj

Congrès de Soissons : les traités de paix signés à Utrecht en 1713 n'é-toient, pour ainsi dire, que des préliminaires de paix. Personne n'étoit content des conditions qu'il avoit obtenues ; & loin d'avoir réglé les affaires pour l'avenir , on n'avoit pas même absolument terminé celles qui avoient été cause de la guerre. Pour affermir la paix , le Duc d'Orléans, Régent de France , avoit fait les négociations de la triple & de la quadruple alliance, qui, sans rien établir de solide, n'avoient fait qu'ébranler les conventions d'Utrecht. Les intérêts des nations avoient été sacrifiés à des intérêts particuliers : on n'avoit point consulté les régles de la justice, on n'avoit consulté que ses forces & les convenances. Les affaires étoient si brouillées , les prétentions si opposées , & les esprits si aigris , qu'en craignant la guerre on n'osoit presque pas espérer de conserver la paix. Le Congrès de Soissons fut ouvert dans ces conjonctures délicates ; & quoique la politique des plénipotentiaires ne fut qu'une intrigue aſſés groſſière, on parvint, je ne ſçais comment, à s'ajuſter. A force de faire des traités, d'y manquer, & d'en refaire, tout le monde fut à peu près content, à l'exception de la France.

Trois cauſes contribuent communément à rendre inutiles des négociations entamées dans la vue de maintenir la tranquillité. Quelquefois une puiſſance veut réduire ſon adverſaire à rechercher la paix, en lui faiſant peur de la guerre ; elle menace, elle parle avec hauteur & inſolence, & par-là elle irrite & rend téméraire. C'eſt par des raiſonnemens ſimples, par des diſcours modeſtes, en même temps qu'on fait les préparatifs néceſſaires pour faire heureuſement la guerre, qu'on rend la paix agréable à ſon ennemi. Les fineſſes encore gâtent tout, parce qu'elles détruiſent la confiance, ſans laquelle on ne peut rien conclure. Deux négociateurs qui veulent ſe ſurprendre & ſe tromper mutuellement, ſe laſſeront de négocier avant que l'un ſoit la dupe de l'autre. On

commencera les hoftilités par impatience, & un peu de bonne foi les
eût prévenues.

Il eft enfin affez ordinaire que
les négociations reuffiffent mal, parce
qu'on y difcute les affaires fans aucune
méthode. Les états ont trois régles
pour juger leurs différends, le droit
naturel, le droit des gens, & les
conventions particulieres qu'ils ont
ftipulées entr'eux. Appliquer indif-
féremment ces trois régles à toutes
fortes de queftions, employer l'une
quand il faut fe fervir de l'autre, c'eft
le vrai moyen de ne fe point entendre.
Ne les pas employer dans leur ordre
naturel, c'eft vouloir ne rien finir.
Je m'explique : une affaire a rapport
à la fois au droit naturel & à quelque
convention obfcure d'un traité. Si
je commence la difcuffion par les
principes du droit naturel, n'eft-il
pas évident que je découvrirai bientôt des vérités qui me feront pénétrer
le fens caché du traité : fi les expref-
fions en font équivoques, je ferai
en état de leur donner un fens dé-

terminé : si elles ne signifient rien , ce qui arrive quelquefois , je forcerai mon adversaire à dresser une nouvelle convention qui signifiera quelque chose. Que je veuille au contraire éclaircir l'affaire , en commençant par la discussion du traité , tout le monde sent que malgré mes gloses & mes commentaires , je ne puis faire un pas en avant. *Voilà le vrai sens du traité*, dirai-je à mon adversaire; *Non*, me répondra-t-il. Lassés de cette discussion frivole , nous nous séparerons sans rien terminer , si les deux états , malgré leur amour pour la paix , sont également résolus à ne se rendre qu'à des raisonnemens clairs.

Je suppose qu'un état se soit mis , par sa mauvaise conduite , dans l'impuissance de faire la guerre , & que son ennemi veuille en profiter pour s'agrandir à ses dépens : s'il est lâche , il achetera la paix par de basses complaisances; mais cette paix ne durera pas , on la violera pour la lui vendre une seconde fois. Comme cet état auroit négligé de se conduire par les grands principes de la politique , ce feroit inutilement que , pour écarter le danger où il se trouve , il recourroit aux grands principes des négociations ; c'est un enfant au berceau qui voudroit se servir de la massue d'Hercule. Il faut alors recourir aux petits moyens , aux cabales , aux intrigues dont les cours sont ordinairement remplies. On peut employer le crédit d'une maîtresse , faire agir les femmes, attaquer sourdement les ministres , profiter de leur divisions, & faire jouer en un mot à son Ambassadeur le rôle d'un intriguant. On se sert alors des moyens que fournit la corruption ; on tente l'avarice, on l'achette, on souleve des mécontens ; on prodigue toutes ces finesses , toutes ces petites ruses dans lesquelles nous autres modernes nous sommes de si grands hommes, qui ont souvent décidé des plus grandes affaires , & auxquelles nous recourons par goût dans les occasions mêmes où nous employerions plus utilement les grands principes. Si tout ce manége est inutile, il vaut encore mieux s'expofer à recevoir un grand échec que faire une lâcheté. Ce n'eft point une province de plus ou de moins qui rend un état plus puiffant ou plus foible ; mais une puiffance, poffédât-elle la moitié de l'Europe, elle feroit foible dès qu'elle feroit méprifée, & qu'il fuffiroit de la menacer, pour qu'elle s'avouât vaincue.

Lorfque deux puiffances en état de faire la guerre, ont découvert à des fignes certains, qu'elles ne peuvent cimenter la paix, il eft fage de moins négocier avec fon ennemi qu'avec fes alliés, & fur-tout avec les Princes du fecond ordre qui font un commerce de leur alliance & de leurs fecours. C'eft alors qu'un état connoîtra tout le prix des principes dont j'ai tâché d'établir la vérité. A proportion qu'il aura mieux gardé fa foi, qu'il aura montré moins d'ambition, plus de juftice, & mieux cultivé l'intérieur de fes provinces, il trouvera plus d'ouverture pour traiter. Soit que la préfence du danger

faſſe naître de nouvelles réflexions ,
ſoit qu'on veuille profiter de l'embarras d'un Prince prêt à faire la
guerre , pour lui vendre plus cherement ſes ſecours ; les négociations, dans ces circonſtances critiques,
marchent avec plus de lenteur qu'à
l'ordinaire. Quelquefois les alliés
qui ſont obligés en vertu de quelque
traité , de prêter leurs forces à l'une
des parties , offrent ſimplement leur
médiation , ou ne parlent que d'in-
terpoſer leurs bons offices. Les Princes dont on recherche l'alliance ,
croyent quelquefois ſe faire acheter
à un plus haut prix , en affectant une
grande paſſion pour la paix , ou ſemblent avoir peur , dans le temps qu'ils
deſirent le plus fortement que les affaires ſe brouillent. Tantôt ils font
un étalage faſtueux de toutes leurs
forces ; ils entretiennent une double
négociation avec les deux puiſſances
prêtes à entrer en guerre , & paroiſſent
leur dire : je me donnerai au plus offrant & dernier encheriſſeur.

Si on avoit affaire à un prince avide

& dont le conseil fût sans expérience, ce seroit une chose assez simple pour l'engager dans son alliance, que de lui accorder, ou même de lui offrir tout ce qu'il peut demander. Mais si on négocie l'amitié d'un Prince qui ait de la prudence, il se défiera de cette facilité ; il vous soupçonnera de ne point vouloir lui donner en effet tout ce que vous lui promettez. Comme il sçait qu'il ne faut compter sur une alliance qu'autant qu'elle est d'un avantage à peu près égal aux deux parties contractantes, les trop grandes promesses que vous lui aurez faites, seront pour lui un motif de vous abandonner quand l'occasion s'en présentera.

Le vice contraire à celui de tout accorder avec une extrême facilité, c'est la manie de certains négociateurs qui paroissent en quelque sorte jaloux du bien qu'il font à la puissance avec laquelle ils s'allient. Ils veulent attirer à eux tout l'avantage de l'alliance ; ils s'applaudissent de cette espéce de triomphe, sans s'appercevoir que leur traité frivole ne leur attache point leur allié. Ordinairement les conventions de ces alliances font dreſſées d'une maniere vague :.on ſe flatte de les interprêter en ſa faveur, & de-là naiſſent des conteſtations continuelles qui empéchent ou retardent le ſuccès des armes , & qui préparent une défection.

On ne ſçauroit s'exprimer avec trop de préciſion & de clarté dans les traités d'alliance , non ſeulement ſur la nature des ſecours qu'on doit ſe fournir , mais ſur la maniere même de les faire agir. Je ſçais que ce doit être quelquefois une choſe très-difficile , parce qu'une puiſſance du ſecond ordre ne veut s'engager ordinairement que le moins qu'elle peut afin d'être plus libre de régler ſes opérations , & même de changer de parti , ſuivant que les conjonctures & ſes intérêts l'exigent. La puiſſance ſupérieure doit alors profiter de ſes premiers avantages pour expliquer dans de nouvelles conventions ce que les premières peuvent avoir d'obſcur ou d'indécis. On doit regarder comme un chef-d'œuvre de bonne conduite les renouvellemens de traité que la France faisoit tous les ans avec la Suéde & les Provinces-Unies pendant la célèbre guerre de trente ans. L'alliance ne se refroidissoit point ; chaque traité augmentoit le zèle des alliés. Les fautes étoient promptement réparées, on voyoit de plus près ce qu'on avoit à faire, & on s'entendoit mieux.

Avant que de finir ce chapitre, je dirai un mot d'une autre sorte de négociations dont on a vu quelquefois l'Europe occupée pendant la paix. Doit-il vacquer une succession importante sur laquelle plusieurs Princes ont des prétentions ou des droits opposés ? on tâche de la régler d'avance. C'est ainsi, dans le dernier siècle, qu'après la paix de Riswick, la France négocia à Londres & à la Haie les traités de partage au sujet de la succession de Charles II, qui n'avoit point de postérité, & dont les infirmités annonçoient la fin prochaine ; & que dans celui-ci on a tant fait de négociations pour régler l'héritage de l'Empereur Charles VI, & en assurer l'indivisibilité.

Il seroit surprenant que ces négociations produisissent le bien qu'elles semblent promettre. Souvent on les entame sans bonne foi, sans un desir sincère de la paix, & on ne cherche qu'à sonder la disposition des esprits. On néglige les règles les plus essentielles, & qui seules peuvent donner une force réelle aux conventions qu'on a stipulées. Les peuples dont on dispose, ne sont point consultés ; on ne les regarde que comme les troupeaux d'une ferme dont le possesseur se défait arbitrairement. Les Princes qu'il faudroit dédommager, ne sont pas même entendus. Tout se règle par des intérêts de convenance, qui peuvent changer d'un moment à l'autre. On ne dit que trop souvent : *Signons, & nous verrons ensuite ; le temps est un grand maître ; les circonstances changeront.* Enfin, tandis qu'on signe des traités publics & solemnels, on en fait quelquefois de secrets qui les détruisent.

Le Prince Eugène avoit, sans doute, raison de faire peu de cas des négociations éternelles dont l'Empereur Charles VI fatiguoit l'Europe pour accréditer sa Pragmatique-Sanction. » Toutes ces garanties, disoit-il, » n'ajoutent rien à l'intérêt qu'ont » quelques puissances de conserver » l'indivisibilité de la succession Au- » trichienne. Sans signer de traité, » elles la défendront, si elles sont en » état de la défendre ; & les autres » ne trouveront que trop de prétex- » tes, ou même de raisons, pour man- » quer à leurs engagemens, si la situa- » tion de leurs affaires leur permet de » faire la guerre. Les meilleurs ga- » rants, ajoutoit-t-il, de la Pragma- » tique-Sanction, ce sont de bonnes » armées, des soldats bien discipli- » nés, des Places de guerre bien mu- » nies, & des finances mises en bon » ordre. » Ce qu'avoit prévu le Prince Eugène, arriva. L'héritière de Charles VI, vit soulever contre elle une foule d'ennemis puissans ; & ses alliés effrayés, n'osèrent venir à son secours, qu'après qu'elle les eut raſ-ſurés par ſon courage & ſa fermeté.

On n'entreroit pas, je crois, dans la penſée du Prince Eugène, ſi on penſoit qu'il blamât en tout ſens ces traités de prévoyance. Il vouloit ſeulement faire entendre que la prudence défend d'y compter beaucoup, & que la force ſeule, en inſpirant de la crainte, apprend à reſpecter les traités. Il eſt utile de conclurre des traités de prévoyance, parce qu'ils ſervent au moins de baſe, & comme d'articles préliminaires aux négociations de la paix, quand les puiſſances commencent à être laſſes de la guerre.

CHAPITRE

CHAPITRE XV.

Des négociations pendant le temps de guerre. Principes relativement à cet objet.

DÉS que la guerre est allumée, les négociations doivent cesser entre les deux puissances belligérantes, si elles s'estiment assez pour ne pas espérer de ne pas se tromper l'une l'autre grossièrement. Ces petits pourparlers politiques, que l'une continue après les premières hostilités, sous prétexte de modération, prouvent qu'elle a négocié jusqu'alors sans principe, & qu'elle a commencé imprudemment la guerre, ou sont un symptome infaillible de sa crainte, quand elle n'agit pas en même temps avec vigueur. Si elle emploie, au contraire, toutes ses forces en même temps qu'elle négocie, elle ne veut sans doute, par ce manège, que distraire son ennemi de l'objet qui doit l'oc-

I

cuper & fufpendre fes opérations
militaires, en lui faifant encore efpérer la paix ; mais il ne fe laiffera pas
furprendre à ce piége groffier. Les
raifons qui l'ont déterminé à la guerre fubfiftent encore toutes entières ;
les premières hoftilités doivent même
l'irriter : & fi on ne fuppofe pas dans
fa conduite les inconféquences les
plus puériles , il craindra qu'on ne
veuille lui infpirer une fauffe fécu-
rité.

J'ai dit que rien ne prépare mieux
le fuccès des négociations, en temps
de paix, que l'attention d'un Prince
à bien gouverner fes états , & à fe
faire eftimer de fes voifins; de même,
en temps de guerre , fi on veut fe
ménager une paix utile & la hâter , il
faut gagner des batailles & prendre des
villes. Que les raifons les plus médiocres d'un négociateur ont de force , quand les ennemis de fon maître
ont été vaincus ! *La prife d'Amiens ,*
écrivoit le Cardinal d'Offat à M. de
Villeroy, *dont vous nous donnez efpé-*
rance , fervira à cent mille chofes plus

grandes ; mais elle aidera beaucoup à cette-ci, (l'Indult que Henri IV demandoit pour les évêchés de Metz, Toul & Verdun) *& à toutes autres que vous voudrez obtenir de Rome, où les affaires du Roi iront toujours selon qu'on les verra aller en France & aux environs.* Toutes les puissances sont à cet égard, comme la Cour de Rome; & tous les Ambassadeurs de Henri IV auroient pu écrire la même chose, s'ils avoient également senti l'influence des affaires les unes sur les autres.

Les puissances de l'Europe ne sont pas assez attentives à faire la guerre de la manière la plus propre à réduire leur ennemi ; on diroit souvent qu'elles se ménagent. Il est même rare qu'elles dirigent leurs opérations militaires relativement à l'objet qu'elles se proposent d'obtenir par la paix. Les armées principales n'ont quelquefois l'air que de faire des diversions. Je ne le prouve pas par des exemples ; cette digression m'entraineroit trop loin. Qu'il me suffise de demander pour-

quoi des batailles gagnées & des villes prises ne donnent si souvent aucun avantage au vainqueur. Sans doute qu'on a livré ces batailles dans un
pays où il ne falloit pas établir le
théatre principal de la guerre ; qu'on
a pris des villes qu'il importoit peu
de garder, ou qui n'ouvrant pas un
pays considérable, ne mettoient pas
en état d'étendre ses forces avec avantage.

Sçavoir faire la guerre, sçavoir
quand il faut la faire, sçavoir où il
faut la faire, ce n'étoit qu'une seule
connoissance chez les anciens. Les
mêmes hommes étoient Soldats, Capitaines, Citoyens & Magistrats. Le
gouvernement des Républiques Grec-
ques étendoit & multiplioit les lumières des citoyens, & à Rome c'é-
toit un Consul qui avoit discuté dans
le Sénat les intérêts des Romains, qui
étoit Général de leurs armées. En
Europe, les hommes sont depuis
long - temps partagés en différentes
classes qui n'ont rien de commun entre elles. Accoutumés à ne considérer

la chofe publique, que dans la partie qui eft relative à leur profeffion, ils n'en voyent jamais l'enfemble, & par conféquent ne connoiffent pas même tous les devoirs de leur état. Nos militaires fçavent comment on prend une ville : on fait marcher un corps de troupes ; on range une armée en bataille ; on affeoit un camp ; on paffe une rivière, &c. Les politiques ignorent ordinarement tout cela, & fçavent feulement, ou doivent fçavoir dans quel pays il convient de porter l'effort de la guerre pour réduire plus furement, par la force, un ennemi qui a réfifté aux négociations. Dès que chacun fort de fa fphère, tout eft confondu. Laiffez agir le militaire, il voudra porter la guerre où il efpérera de la faire plus commodément. Que le Confeil dirige les opérations particulières de la guerre, qu'il ordonne à une armée de fe battre, d'éviter le combat, d'aller en avant ou de fe tenir fur la défenfive, on ne fçaura bientôt plus ce qu'on veut faire ni ce qu'on fait. Il faut imiter la conduite du Cardinal de Richelieu, qui, après avoir établi le théatre de la guerre, se contentoit d'écrire aux Généraux pour toute instruction : *Le Roi vous a choisi pour commander son armée en Flandre, sur le Rhin ou en Italie, & comme Sa Majesté connoît votre fidélité, votre zèle & votre expérience, elle se repose sur vous du soin de prendre les mesures que vous croirez les plus propres à vous ouvrir l'entrée de telle province, à vous y établir, & vous mettre en situation d'inquiéter tel pays ou tel Prince.*

Rien n'est plus digne d'un Prince qui connoît le prix du sang humain, que de publier dans un manifeste, les motifs qui le déterminent à prendre les armes ; c'est, pour ainsi dire, entrer en négociation avec toute l'Europe. Il faudroit en même temps faire connoître ses prétentions, ou la réparation qu'on exige. La plûpart des Ministres ont regardé, au contraire, comme un trait d'habileté de ne point déclarer nettement ce qu'ils demandoient par la guerre ; ils ont craint

de se compromettre si elle étoit malheureuse, & voulu se laisser la liberté
d'étendre leurs prétentions, si les succès répondoient à leurs espérances.

Il faut bien que cette politique ne
soit pas aussi admirable qu'on le croit
communément, puisque les Romains
qui ont conquis le monde, n'armoient
jamais leurs légions sans publier leurs
prétentions. Après les plus grandes
victoires, ils n'imposoient point aux
vaincus des conditions plus dures ;
après les plus grands revers, ils faisoient encore les mêmes demandes.
Notre méthode peut servir à faire ou
à sauver la réputation d'un gouvernement intriguant, qui ne veut qu'é-
blouir, & n'est occupé que de la circonstance présente ; mais la méthode
des Romains propre à rendre les
guerres plus courtes, peut seule faire
la réputation & la fortune d'un état.
Nous agissons au jour le jour, nous
voulons dépendre des événemens, &
nous ne cherchons qu'une manière
honnête de leur obéir. Notre ennemi
ne sçachant jamais à quoi s'en tenir,

doit continuellement songer à réparer
ses pertes après une défaite, ou à
poursuivre ses avantages, après un
succès heureux, & la paix est toujours reculée. L'ennemi des Romains
étoit, au contraire, dans le revers touché de leur générosité,& dans la prospérité, effrayé de leur courage ; & ce
double sentiment le portoit à s'épar-
gner les fatigues d'une guerre opiniâtre.

Chaque guerre n'étant, & ne pouvant être qu'un état de passage pour
les peuples mêmes les plus guerriers
& les plus ambitieux, puisque ce n'est
que par la paix qu'ils peuvent jouir
des avantages qu'ils ont voulu conquérir ; rien ne seroit plus absurde
que de se ménager des succès à la
guerre, par des moyens qui empêche-
roient d'en tirer parti à la conclusion
de la paix. Rien cependant n'est plus
commun, depuis que le Cardinal Mazarin, qui sentoit combien le désinté-
ressement est utile à une puissance guer-
rière, a donné l'exemple d'une fausse
modération, en publiant que la Fran-

ce ne demandoit pour elle que la gloire
de travailler à la fureté de fes alliés.
Cette fineffe, dont il n'avoit pas befoin dans l'état floriffant où il avoit
trouvé les affaires de France, le jetta
dans un extrême embarras, quand il
fallut négocier à Munfter. On n'étoit
point étonné que les Suédois vouluf-
fent conferver leurs conquêtes, ou de-
mandaffent un équivalent; leurs intentions n'avoient jamais été équivoques à cet égard; mais la France, qui
n'avoit, en effet, entrepris la guerre
que pour reculer fes frontières, ne
fçavoit comment s'y prendre pour
changer de langage. Ses Plénipotentiaires ne parloient que vaguement de
la fatisfaction qui étoit dûe aux deux
Couronnes pour les dépenfes & les
fatigues que la guerre leur avoit cau-
fées. Ils craignoient, en quelque forte,
d'être compris, & vouloient cependant que les puiffances intéreffées à
ne les pas entendre, devinaffent leurs
intentions & les prévinffent.

Il eft toujours de l'intérêt d'un état
d'accorder la paix à fon ennemi, quand

il la defire fincèrement. Comment ne blameroit-on pas la dureté avec laquelle les Hollandois fe comporterent dans les Conférences de la Haie & de Gertruidemberg ? Louis XIV accordoit aux alliés beaucoup plus qu'ils n'auroient ofé efpérer en commençant la guerre. Se faire un plaifir de vouloir flétrir la gloire de ce Prince, & le forcer à recevoir des conditions humiliantes, & qui étoient inutiles à leur fureté, c'étoit mettre la vengeance & la haine à la place de la raifon & de la politique, qui fe défient toujours de la profpérité. Les Provinces-Unies eurent bientôt lieu de fe repentir de leur conduite ; & fi elle leur avoit réuffi, il ne faudroit mettre leur fuccès qu'au rang de ces fautes que la fortune rend quelquefois heureufes.

Il n'en étoit pas de même lorfque dans la derniere guerre le Cardinal de Fleury demanda la paix après l'affaire de Paffau. Comme c'étoit la premiere difgrace que la France éprouvoit, qu'elle faifoit fans peine ſes recrues , que le peuple ne murmuroit point contre le poids des impôts , que ſon Commerce n'étoit pas détruit , & qu'on ne voyoit , en un mot , dans la nation aucun de ces ſignes de terreur , de laſſitude , ou de défaillance auxquels on reconnoît ordinairement que la paix eſt mûre ; la Cour de Vienne eut raiſon de ſe défier de la ſincérité du miniſtère de France. Le Cardinal de Fleury deſiroit ſincérement la paix ; mais ayant cependant quelque honte de la vouloir contre toutes les règles de la prudence , & même d'une peur ordinaire , il ne fit que des propoſitions vagues, qu'il eſt toujours ſage de rejetter. Soit que la Cour de Vienne ſoupçonnât qu'on ne cherchoit qu'à ralentir ſes opérations , ſoit qu'elle crût que ſon ennemi commençoit véritablement à être las de la guerre , il lui étoit plus utile de pourſuivre ſes avantages avec vigueur , pour forcer la France à s'expliquer avec plus de clarté , ſi elle agiſſoit de bonne foi , que de commencer à négocier , pour

I vj

régler simplement sur quel plan on entameroit une négociation sérieuse.

Indépendamment des succès militaires qui sont la voie la plus propre à accélérer la paix, la politique emploie encore d'autres moyens pour hâter la conclusion de cet ouvrage toujours difficile. Il ne faut négliger aucune occasion de détacher de son principal ennemi les alliés qui lui donnent des secours. On y a souvent réussi en portant la guerre dans leurs provinces. Un Prince qui n'a pris les armes qu'en qualité d'auxiliaire pour s'aggrandir, & qu'on menace du pillage en lui présentant une paix avantageuse, a rarement le courage d'être la victime de ses premiers engagemens. Toute négociation qu'on peut nouer avec un des alliés de son principal ennemi, est utile. Le fruit de ce commerce c'est de jetter de la défiance entre des Princes ligués. Une puissance qui est recherchée par ses ennemis, commence à être moins attachée à ses alliés. Elle se croit plus importante qu'elle ne l'est en effet ; elle veut avoir une volonté ;

elle agit avec moins de concert. Les plaintes éclatent-elles de part & d'autres : voilà le moment favorable pour débaucher un allié de votre ennemi. Flattez son avarice, son ambition, sa vanité ; gagnez-le à quelque prix que ce soit ; car son traité particulier devient ordinairement le préliminaire de la paix générale.

Il y a cependant une remarque importante à faire sur cette matière : il faut se garder de débaucher de l'alliance de son ennemi, un Prince dont les prétentions dans la guerre seroient plus considérables que les forces qu'il y emploieroit. Je m'explique en rapportant un exemple : Les Anglois en 1746 firent quelques propositions à la Cour de Madrid pour l'engager à faire sa paix particulière, & les conditions, dit-on, qu'ils offrirent, étoient assez avantageuses à l'Infant Don Philippe. Je crois que c'étoit là une fausse démarche de la part de l'Angleterre, parce que l'Espagne s'étoit fait des prétentions sur l'Italie, que ses forces n'étoient pas capables de faire valoir. La France, à proprement parler, n'auroit pas perdu un allié, si cette négociation avoit réussi; elle auroit, au contraire, été débarrassée du soin de protéger une cause qui lui étoit à charge. La pacification de l'Italie auroit laissé la liberté aux François de rassembler toutes leurs forces dans les provinces où leurs ennemis les trouvoient déja trop forts.

Tandis qu'une puissance s'applique par toutes sortes de moyens à rompre le lien qui unit ses ennemis, elle doit travailler avec plus de soin encore à s'attacher ses alliés. Quelque zèle qu'ils lui témoignent, qu'elle soit sure qu'ils ne lui donnent des secours que pour leur avantage particulier. En employant la finesse & la mauvaise foi à leur égard, elle les invite à se separer d'elle. Rien ne prouve mieux combien la politique est une science peu avancée en Europe, que les reproches éternels que se font des alliés. L'un croit toujours en faire trop en faveur de l'autre. Chacun se propose ordinairement un objet différent , & c'eſt preſque toujours la faute de la puiſſance qui eſt à la tête de la ligue.

Traiter à l'inſçu de ſes alliés avec ſon ennemi principal , c'eſt lui fournir un moyen preſque ſûr de les débaucher. Un Prince dont l'allié reçoit un échec , ne peut trop ſe hâter d'aller à ſon ſecours & de le vanger , ſi ſon alliance lui eſt précieuſe. Fait-il lui-même une perte conſidérable ? La maniere la plus ſage d'y remédier , c'eſt de chercher d'abord en ſoi-même des reſſources. Couvrir tous les chemins de ſes courriers , entamer dans ces circonſtances de nouvelles négociations , mendier de nouveaux ſecours auprès de ſes alliés, quand on n'eſt pas ſoi-même en état de faire de nouveaux efforts ; c'eſt les avertir de ſa foibleſſe, & qu'il eſt temps pour eux de ſonger à leurs intérêts. Les Romains, après une perte conſidérable, s'élevoient en quelque ſorte au-deſſus d'eux-mêmes. Ils agiſſoient alors froidement avec leurs alliés , & vigoureuſement contre leurs ennemis. On me dira fans doute qu'il étoit facile aux Romains d'avoir cette politique fublime, parce qu'ils avoient des reffources & des forces en réferve dont ils ne fe fervoient que dans les plus grands malheurs. Mais je demanderai à mon tour, pourquoi des états qui font obligés de faire les derniers efforts en commençant la guerre, & qui ne peuvent par conféquent imiter les Romains dans l'adverfité , ont donc la folle ambition de vouloir être conquérans comme eux ?

J'ai parlé plus haut des fymptômes auxquels on reconnoît que la paix eft mûre ; quand ils fe manifeftent enfin, il eft de l'intérêt du vainqueur de rechercher la paix, & par cette démarche il augmente fa réputation. S'il ne profite pas de fon avantage, le vaincu doit faire les premieres propofitions par lui-même ou par le miniftere d'un médiateur ; mais de façon qu'en évitant de fe faire méprifer de fon ennemi , il ne l'irrite pas. Ses offres doivent être fimples

& claires. Son objet principal est de nouer une négociation ; ainsi il faut parler de satisfaction , mais n'entrer que le moins qu'il est possible dans les détails , parce qu'il n'est pas encore temps de discuter ses intérêts.

Quelque fois la paix devient né-cessaire par un enchaînement singulier d'événemens qui change la face des affaires, & annonce subitement à une puissance, jusqu'alors victorieuse, un avenir malheureux. Je ne puis à cette occasion passer sous silence la conduite que tint le Roi de Prusse, lorsque dans la derniere guerre , se trouvant à la tête d'une armée conquérante, il vit se rassembler contre lui des ennemis puissans auxquels l'Impératrice de Russie joignoit trente mille hommes. Il sentit à la fois toute l'étendue du danger qui le menaçoit , & que des avances auprès de ses ennemis , ne serviroient qu'à leur donner plus de confiance. Au lieu de négocier, il entra brusquement dans la Saxe. C'est Agathocles qui, prêt à succomber en Sicile sous les armes des Carthaginois , porte lui-même la guerre au pied des murailles de Carthage. Le Roi de Pruſſe victorieux fait la paix à Dreſde. Un écrivain politique enſeigne à éviter les fautes , il apprend même juſqu'à un certain point à être ſage ; mais les traits de génie ne s'enſeignent pas.

CHAPITRE XVI.

Des négociations pour parvenir à la paix. Des Congrès. Des Trèves. Des Paix défininitives.

COMME on ne doit rien faire pendant le cours de la guerre qui puiſſe mettre obſtacle à la concluſion de la paix , il faut , en traitant de la paix, ne rien faire qui puiſſe devenir nuiſible dans la premiere guerre qu'on fera obligé d'entreprendre. De ce principe inconteſtable , il réſulte que le principal objet d'une puiſſance dominante qui négocie un traité de paix ,

ne doit pas être de s'enrichir des dépouilles de son ennemi & de s'emparer avec fureur de tout ce qui est
à sa bienséance ; mais de tempérer
la jalousie ou la haine que sa gloire
doit lui susciter, de resserrer le lien
des alliances qui ont contribué à sa
prospérité, & sur-tout de conduire
de telle sorte les affaires, que son
ennemi se brouille avec ses alliés &
décrie son alliance.

Tout mon ouvrage est la preuve
de cette proposition ; mais, je l'avoue,
il n'y a pas de vérité moins faite
pour être comprise. La multitude
veut que les négociateurs conservent
les conquêtes des armées ; toute
restitution la choque ; & la vanité
des Princes est flatée de voir que sous
leur regne les frontières de leur état
soient reculées. Un ministre ne balan-
cera point, pour mériter la faveur
de son maître & les éloges du public, de profiter de ses avantages
pour faire ce que nous appellons une
paix brillante. Tandis qu'en faisant
des ennemis à l'état par son ambi-

tion, & en le décriant auprès de ſes alliés, il l'affoiblira bien plus qu'il ne croit le fortifier par l'acquiſition de quelques domaines ; il ne manquera point de s'admirer lui-même s'il n'eſt qu'un homme médiocre. S'il a aſſez d'eſprit pour ſentir ſa faute, & les dangers auxquels il expoſe l'état, il dira : *Alors comme alors : Nous verrons, ſi nous y ſommes encore: Fera, après moi, les vignes qui pourra.*

Il eſt impoſſible qu'une guerre à laquelle pluſieurs puiſſances ont pris part, ſoit terminée par une négociation particulière, & que la paix qui reconcilie des ennemis, ne brouille pas des alliés. Le Cardinal de Fleury ignoroit-il cette vérité ? Il fut d'autant plus effrayé de la lenteur avec laquelle les affaires ſe traitent ordinairement dans un congrès, qu'il étoit extrêmement fatigué en 1735 de la guerre qu'il avoit commencée en 1733 : il vouloit une paix prompte, & c'étoit vraiſemblablement la qualité eſſentielle qu'il y deſiroit. S'il préfera ſa tranquillité particulière au bien de l'état, il agit conféquemment en fe chargeant de négocier les intérêts de fes alliés ; s'il crut agir avec prudence , il fe trompa. Une négociation particulière eft toujours fufpecte à des alliés ; quelque favorable qu'elle leur foit , ils s'en plaignent encore. Dans un congrès, au contraire , tout fe paffe fous leurs yeux , ils défendent eux - mêmes leurs droits & leurs prétentions, & on peut leur donner des preuves certaines du zèle avec lequel on les fert. L'imprudence de M. le Cardinal de Fleury étoit d'autant plus blamable , qu'il ne fatisfaifoit pas aux engagemens qu'il avoit pris avec l'Efpagne & la Cour de Turin, & que la France cependant acquéroit la Loraine & le Duché de Bar , après avoir publié qu'elle ne demandoit rien pour elle. La paix de Vienne fit croire que le miniftre qui l'avoit conclue, étoit un ambitieux timide & un allié infidéle ; & c'eft fans doute à cette opinion que la France dut les defections qu'elle éprouva au commencement de la derniere guerre.

Quand un congrès est accompagné d'une suspension d'armes ; il doit être précédé par des articles préliminaires qui décident clairement , quoique d'une manière sommaire , les principales prétentions des puissances ennemies. Sans cette précaution , des Plénipotentiaires perdroient un temps considérable avant que de s'entendre ; & peut-être abandonneroient-ils enfin leur négociation pour reprendre les armes. Des articles préliminaires dressés par un ministre habile , doivent contenir en substance tout le traité qu'on prépare. Il ne faut en quelque sorte que les étendre & les développer ; ce sont autant de principes dont il n'est question que de tirer des conséquences auxquelles un gouvernement un peu jaloux de prouver qu'il sçait raisonner, ne puisse se refuser.

La continuation des hostilités pendant la tenue d'un congrès , indique que les puissances belligérentes ne sont pas encore lasses de la guerre, & la manière molle dont elles commencent alors leurs négociations le prouve encore mieux. Les Plénipotentiaires se rendent avec lenteur à l'assemblée désignée. On ne fait d'abord que s'observer mutuellement; on craint de faire les premières démarches, de peur qu'on ne paroisse mendier la paix, & que son ennemi ne s'en prévale. C'est une politique mal-habile ; car rien n'est plus aisé que de faire voir qu'on desire la paix par humanité ; & c'est par les opérations de ses troupes, & non par les procedés bifarres & indécens de ses ambassadeurs qu'il faut prouver qu'on est en état de continuer la guerre. On se chicanne ensuite sur les pleinpouvoirs, sur le cérémonial, sur les titres. Commence-t-on à s'expliquer? Toutes les demandes sont exagérées ; on ne se fait aucune réponse. Chaque parti ne cherche qu'à gagner du temps dans l'espérance que la campagne prochaine changera, à son avantage, la situation des affaires.

Rien n'eft moins raifonné que cette conduite. Si c'eft la puiffance juf-qu'alors la moins heureufe à la guerre, dont les Plénipotentiaires reftent dans l'inaction, en efperant le gain d'une bataille, ou la prife d'une place importante, elle en fera la dupe. L'événement heureux qu'elle attend, n'arrivera peut-être pas, & fon ennemi n'en fera que plus fier, & voudra fe venger s'il fait une perte.

C'eft la puiffance qui a l'avantage fur fes ennemis, qui doit la premiere faire connoître fes intentions. En formant fes demandes, elle doit avoir égard à la fituation générale des affaires, & non à des accidens paffagers, qui ne décident jamais de rien, à moins qu'on n'ait affaire à un ennemi facile à s'effrayer & peu intelligent. Elle doit plus fonger aux forces qui lui reftent qu'aux fuccès qu'elle a eus. Enfler fes prétentions à chaque événement heureux, c'eft ne pas vouloir finir. Le gain d'une bataille ou la prife d'une ville ne doivent fervir qu'à hâter la conclufion de la paix, & faire

accepter

accepter les premières demandes qu'on aura faites. Une puiſſance trop ambitieuſe, que l'avenir ſéduit, & qui attend pour négocier ſérieuſement qu'elle ſoit épuiſée par la guerre, hazarde de perdre ſes avantages préſens pour courir après une chimère. Elle ignore ſans doute que le plus grand bonheur d'un état, c'eſt de faire la paix avant que d'avoir conſumé ſes forces. Quel traité aſſez avantageux dédommageroit un vainqueur obligé de languir de foibleſſe ſous ſes lauriers?

Tout ce qu'on met de ruſes, de fineſſes, & de ſubtilités dans les négociations d'un Congrès, ce n'eſt point ce qui en fait le ſuccès. Le grand art conſiſte d'abord à prévenir les ſoupçons qui naiſſent naturellement entre des alliés, dans le moment qu'il eſt queſtion de faire des ceſſions de ſes domaines, ou de partager les dépouilles de ſes ennemis. La ſeconde règle, c'eſt de diriger conſtamment ſes négociations par les mêmes principes auxquels on doit les

K

avantages qu'on a obtenus pendant la guerre. Je prie mon lecteur , s'il veut faire une étude serieuse , d'analiser toutes les démarches des Plénipotentiaires de Munster & d'Osnabruch. Les Ambassadeurs de la Maison d'Autriche firent, sans doute , tout ce qu'on peut attendre des politiques les plus profonds & les plus féconds en ressources. N'ayant pour eux ni la force , ni les événemens de la guerre , ils emploierent l'artifice , & il leur auroit vraissemblablement réussi , si leurs ennemis s'étoient amusés à opposer la ruse à la ruse. La Cour de Vienne échoua , & devoit nécessairement échouer , parce que toutes les opérations de la France & de la Suéde tendoient à resserrer le lien de leur alliance , & que ces deux Couronnes avoient pris les mesures les plus heureuses, pour négocier avec autant de concert qu'elles en avoient eu dans les opérations de la guerre.

Le Cardinal Mazarin , toujours attentif pendant la guerre à profiter du succès des armes pour débaucher quelque allié de l'Empereur, s'écartoit, fans s'en apperçevoir, de cette politique dans le plan de négociation qu'il s'étoit tracé. Il vouloit commencer la pacification générale par celle de l'Italie. Heureusement le Comte d'Avaux, lui fit remarquer que les Princes de l'Empire lassés de la guerre, se tourneroient du côté de l'Empereur, si la France paroissoit négliger leurs intérêts, & que la Cour de Vienne profiteroit de cet avantage pour rejetter avec plus de hauteur les propositions de paix, & peut-être pour engager la Suéde à traiter de son accommodement particulier. Ce qui décida du succès de la négociation de Westphalie, ce fut la lettre circulaire que le Comte d'Avaux écrivit aux Membres de l'Empire, pour les inviter à envoyer leurs Plénipotentiaires au Congrès, où l'on devoit rétablir la liberté Germanique, & donner une forme constante au Gouvernement de l'Empire. Cette démarche admirable débaucha tous les Alliés de l'Empereur, & la

France avec leurs secours imposa sans peine la loi à la Cour de Vienne.

Elle auroit eu le même avantage en traitant avec l'Espagne, si elle eût suivi les mêmes règles; mais en supposant que le Cardinal Mazarin voulût aussi sincèrement la paix générale, qu'il affectoit faussement de la desirer, n'auroit-il pas été surprenant, que, n'ayant aucun projet fixe dans sa négociation avec la Cour de Madrid, il eût réussi à la réduire? Ce Ministre craignoit que la paix générale ne le rendît moins nécessaire, & ne diminuât son crédit. En évitant de la conclurre, il vouloit cependant qu'on ne pût pas lui reprocher d'avoir perpétué la guerre. Au lieu d'être habile, il ne fut par conséquent que rusé. Toutes ses démarches à l'égard des Provinces-Unies se contredisoient; il les négligeoit, les flattoit, les irritoit. Elles devoient lui échapper; & l'Espagne qui ne connoissoit pas encore toute sa foiblesse, ne pouvoit, après cette défection, que rejetter avec arrogance les propositions de paix qu'on lui offroit.

Les négociations générales d'un Congrès veulent être soutenues par des négociations particulières. C'eſt alors qu'il faut être plus attentif que jamais aux démarches de ſes alliés, & chercher par toutes ſortes de moyens à reſſerrer le lien par lequel on leur eſt uni. C'eſt en expliquant à la Reine Chriſtine la Philoſophie de Deſcartes, que M. Chanut empêchoit que cette Princeſſe ne ſe laiſsât tromper par les fineſſes de la Cour de Vienne; & qu'en intriguant auprès des Maîtreſſes, des Miniſtres & des Favoris de Charles II, la France conſervoit dans le Congrès de Nimègue l'aſcendant que lui avoient donné ſes armes.

Le devoir d'un médiateur, c'eſt une exacte neutralité entre les puiſſances ennemies; mais il ne faut pas s'attendre qu'il l'obſerve fidellement: ainſi, il faut négocier auprès de lui pour ſe le rendre favorable. Quelquefois il n'y a point de Médiateur dans un Congrès, & les premières ouvertures en font plus difficiles ; mais dans la suite, la puiſſance qui a réglé la premiere ce qui concerne ſes intérêts, ne manque guères de faire les fonctions de Médiateur, & de hâter avec zèle la conclufion de la paix. Il eſt donc extrêmement avantageux de nouer, quand on le peut, une négociation ſecrette avec un des alliés de ſon ennemi, & de lui offrir en particulier des conditions affez avantageuſes pour tenter ſa fidélité. Ce Médiateur ſera plus ou moins utile, à proportion du rôle plus ou moins important qu'il faiſoit dans la ligue dont on l'a détaché.

On demande s'il eſt plus important de négocier de vive voix que par écrit. Il n'eſt pas douteux qu'un négociateur n'ait de l'avantage à traiter de vive voix avec un adverfaire moins habile. Il en découvre mieux les ſentimens ſecrets, il inſinue lui-même les ſiens avec plus de liberté. Il furprend à ſon adverfaire des aveux utiles, il lit dans ſes yeux, qui fouvent démentent ſes difcours, & il lui

ôte l'avantage de délibérer & de consulter. Voilà la question décidée à
l'égard des Ambassadeurs ; mais il
n'est pas également avantageux aux
états de ne vouloir négocier que de
vive voix. Si un Prince emploie aujourd'hui un Plénipotentiaire plus habile que ceux de la puissance avec laquelle il traite, il n'en sera pas de
même demain. La raison secrette pour
laquelle on refuse ordinairement de
négocier par écrit, c'est qu'on craint
de se compromettre : on trouve com-
mode de se faire des principes, suivant
chaque affaire & chaque circonstance:
on veut, en un mot, pouvoir se dé-
dire, avancer ou reculer à son gré.
Cette manière frauduleuse de négocier peut être utile aux puissances du
second ordre, dont toute la politique consiste à profiter d'une conjonc-
ture favorable pour s'aggrandir ; mais
les puissances dominantes ont un autre intérêt. Il leur importe qu'il s'é-
tablisse des principes fixes entre les
nations ; & la méthode de négocier
par écrit contribueroit à les établir,

& même à perfectionner notre droit des gens, où l'on trouve encore des restes de notre ancienne barbarie.

Le but d'un Congrès est une trève ou une paix définitive. Autrefois les trèves étoient fréquentes en Europe. Les Princes peu riches & peu puissans , n'avoient presque point de troupes à leur solde, & dépendoient des caprices de leurs vassaux : ils étoient souvent obligés de cesser les hostilités , avant que de pouvoir se reconcilier sincèrement. Le vainqueur restoit en possession de sa conquête , le vaincu ne renonçoit pas à ses droits, & on convenoit du temps où l'on reprendroit les armes pour terminer ses différends.

Depuis que la fortune des Princes n'est plus la même , il ne doit se présenter que très-rarement des circonstances où il soit avantageux de conclurre des trèves. Quand les esprits ne sont pas préparés par la situation des affaires à signer une paix définitive , ils ne doivent point être disposés à suspendre leurs différends par

une trève. Si deux puiſſances ſont
également laſſes de la guerre , leur
épuiſement doit leur faire deſirer de
terminer définitivement leurs querelles. Si l'une préféroit une trève à l'a-
bandon entier de ſes droits , l'autre
ſeroit imprudente d'y conſentir :
pourquoi voudroit-elle remettre en
queſtion , dans des circonſtances peut-
être moins favorables , ce qu'elle peut
décider à ſon avantage , en faiſant un
dernier effort ? Ou pourquoi ne prendroit-elle pas le parti plus ſage d'offrir à ſon ennemi des conditions de
paix tolérables ?

Les trèves ſont toujours contraires aux intérêts fondamentaux des
puiſſances dominantes de l'Europe ,
puiſque leur conſtitution , ainſi que je
l'ai dit cent fois dans cet ouvrage ,
ne leur promet pas d'être conquéran-
tes , & qu'elles doivent , par conſéquent , prévenir tout ce qui peut troubler la tranquillité publique. Mais ces
ſuſpenſions d'armes ſont quelquefois
très-ſages , quand on ne les conſidere
que relativement à un objet particu-

lier que se propose un grand Prince ; & telle est la trève de Ratisbonne, que Louis XIV conclut pour vingt ans, en 1684, avec l'Espagne & la Cour de Vienne. Il sçavoit que la guerre recommenceroit avant que la trève fût expirée ; par sa politique il évitoit les difficultés qu'il eût éprouvées en demandant un abandon entier des places qu'on lui laissoit, & cependant il se trouvoit en état de recommencer la guerre avec plus d'avantage, & se flattoit d'obtenir enfin, par un traité de paix, ce qu'il ne possédoit encore que par une trève.

On n'a rien fait en se procurant une paix avantageuse, si on n'a pas eu l'art de l'affermir. *Ce n'est pas*, disoit le Comte de Servien aux Provinces-Unies, *ce que l'on écrit dans un traité, ni les seings ou les sceaux qu'on y ajoute, qui en assurent l'exécution ; c'est l'état où l'on demeure après qu'il est fait, tant par ses propres forces, que par le nombre de ses amis, pour se faire tenir parole, si l'ennemi veut manquer de foi.* Ce qui suffit pour faire exécuter les articles d'un traité qu'on vient de ſigner, & dans un temps où l'on ſe ſent encore des maux de la guerre, ne l'affermit point ſolidement, ſi les Plénipotentiaires de la puiſſance à qui la paix eſt avantageuſe, n'ont pris ſoin, pendant le cours des négociations, de calmer les paſſions de ſes ennemis, & de rendre ſon alliance plus précieuſe à ſes alliés. De ce principe dérivent toutes les maximes de modération & de généroſité que j'ai établies juſqu'ici, & qu'il eſt ſurtout important de mettre en pratique quand on traite de la paix. On dit que le Maréchal d'Eſtrades, ne pouvant, à Nimègue, s'accorder ſur je ne ſçais quel point avec les Ambaſſadeurs des Provinces-Unies, leur propoſa de le jouer aux dez, & on admire ce trait ridicule que je crois faux. Ce négociateur étoit trop habile pour jouer une affaire importante, & ne pas abandonner libéralement une bagatelle.

Il faut remonter juſqu'à la ſource des différends qui ont allumé la guerre, si on veut terminer les affaires, de façon qu'on ne leur laisse aucune queue, & que l'ordre soit tellement rétabli entre les puissances belligérantes, qu'on ne puisse même le violer en usant de subtilité & de chicanne. C'est par là que la paix de Wesphalie est la négociation la plus belle, la plus sçavante & la plus profonde qui ait encore été faite parmi les hommes. Les traités de Munster & d'Osnabruch, sont devenus la loi fondamentale de l'Empire, & la base sur laquelle sa liberté est établie. C'est le fondement de tout le droit public de l'Europe. Deux Religions ennemies, & qui s'étoient fait de trop grandes injures, pour qu'on osât espérer qu'elles parvinssent à se supporter, ne s'offensent plus, & les Plénipotentiaires de Munster & d'Osnabruch leur ont appris à connoître & à suivre l'esprit de l'Evangile. Enfin l'Europe n'auroit point été troublée par des nouvelles guerres, s'il ne s'étoit élevé, entre les Princes, de nouveaux différends, & qui n'avoient, en effet, au-

cun rapport avec les queſtions déci-
dées par la paix de Weſtphalie.

Nos pères, pour aſſurer l'exécution des traités, avoient imaginé
d'en faire jurer l'obſervation ſur les
reliques des Saints; mais comme les
parjures ne furent pas punis promptement, & d'une manière ſenſible, on
négligea peu à peu de prendre pour
juge une Providence, qui ne ſe ma-
nifeſtoit pas au gré de nos deſirs, &,
au lieu de Dieu, on prit des hommes pour *Conſervateurs* de la paix:
On ne s'en trouva pas mieux. Les
vaſſaux d'un Prince, ou les villes ſou-
miſes à ſon obéiſſance, qui s'engage-
rent à lui faire la guerre, s'il violoit
la paix, dont ils étoient les *Gardiens*,
ne remplirent pas leurs engagemens,
ou, en y obéiſſant, allumerent une
guerre civile. Cette mode pernicieuſe diſparut à meſure que les Princes
aggrandirent leur autorité. La derniere reſſource fut de prier des Princes étrangers d'être les conſervateurs
des traités de trève ou de paix. Les
actes de garantie devinrent com-

muns ; on promit, & on ne tint pas parole. Les traités dont un Prince eſt garant, lui ſont ſouvent indifférens ; ſouvent il a intérêt de reveiller les diviſions qu'il doit prévenir. Quelquefois la crainte l'empêche d'y prendre part, ou bien il s'eſt laiſſé gagner & corrompre par l'infracteur de la paix.

Me permettra-t-on, en finiſſant ce chapitre, de jetter un regard ſur l'avenir ? En voyant la plûpart des états épuiſés, &, pour ainſi dire, accablés ſous le poids des dettes que la guerre leur a fait contracter, ne doit-on pas craindre que leur foibleſſe ne les force encore à recourir à la méthode dangereuſe de ne terminer leurs différends que par des trèves ? Le mal eſt plus voiſin qu'on ne penſe, & il eſt temps que les puiſſances s'occupent plus d'elles-mêmes, que de leurs voiſins.

CHAPITRE XVII.

Des traités de commerce. Digreſſion ſur le luxe.

APRÉS ce que j'ai dit de la ſi-tuation de l'Europe, & de l'impor-tance dont y eſt le commerce, on jugera ſans peine qu'il devoit former un objet conſidérable dans nos né-gociations. Quand l'art des navi-gateurs ſe perfectionna, & que les états, au lieu de ſimples barques qui ne perdoient pas la côte de vue, eurent de grands vaiſſeaux qui ſer-virent de lien entre toutes les parties du monde, il fut néceſſaire d'aſ-ſujettir la navigation à des loix gé-nérales. Les nations en traitant entre elles, créerent notre droit des gens ſur mer; & je renvoye mon lecteur à ce que j'en ai dit dans *le droit* (*a*)

(*a*) Chap. XII. *des Traités de commerce &* *de navigation conclus entre les puiſſances de l'Eu-rope.* Article intitulé, *Conventions générales tou-chant la navigation & le commerce.* Cet article ſuit immédiatement le diſcours préliminaire.

public de l'Europe fondé fur les trai-
tés.

Si les differentes puiſſances s'étoient comportées ſuivant leurs vrais inté-rêts , jamais elles n'auroient parlé, dans leurs traités de commerce, que des conventions générales propres à aſſurer la liberté des mers & de la navigation ; car il eſt évident que chaque nation , après avoir réglé ces articles , n'avoit rien de mieux à faire pour rendre ſon commerce flo-riſſant , que d'établir chez elle des loix domeſtiques qui miſſent les ci-toyens à portée de faire l'exportation de ſes marchandiſes , & l'importation de celles qui lui manquoient , avec plus d'avantage que les étrangers. Si une puiſſance ne favoriſe pas plus ſes ſujets que l'étranger , leur in-duſtrie étouffée détruit néceſſairement le commerce ; l'état, au lieu de com-merçans , n'aura que des commiſſion-naires.

Il n'eſt pas moins évident que tout privilége particulier qu'une nation accorde à des commerçans étrangers , nuit à son commerce. Ces préférences le gênent : les commerçans à qui elles ont été accordées , ne manquent pas d'en abuser pour faire une espèce de monopole. D'autres aspirent au même avantage , se font craindre pour l'obtenir , ou l'achettent par quelque bienfait. Dès que ce qui étoit une grace particulière , devient un droit général , les monopoles cessent , il est vrai ; mais l'état n'est plus le maître des loix de son commerce, & il devient le tributaire de l'industrie & de l'activité de ses voisins , dont il a échauffé l'émulation en éteignant celle de ses sujets.

La conséquence naturelle de ce que je viens de dire , c'est que le commerce , à l'exception des conventions qui regardent le droit des gens, ne doit point être l'objet des négociations. Chaque puissance , à cet égard , ne doit dépendre que d'elle-même. Après avoir fait les réglemens qu'elle croit les plus sages , relativement à sa situation , à la nature de ses richesses & à l'industrie de ſes habitans ; qu’elle ait, comme l’Angleterre , la fermeté de n’y jamais deroger en faveur d’un étranger. Cette fermeté doit faire toute ſa politique. Je ne dirai donc point comment il faut négocier & dreſſer des traités de commerce ; je dirai ſeulement qu’il n’en faut point conclure , à moins qu’on ne ſe trouve dans quelque circonſtance heureuſe qui auroriſe à demander à un peuple quelque prérogative chez lui , ſans être obligé de l’acheter par une complaiſante équivalente.

Je céde à la tentation de placer ici quelques réflexions , peut-être étrangères à mon ſujet, mais qui me paroiſſent importantes, ou du moins propres à faire penſer ſur une matière très-importante , & digne de toute l’attention des perſonnes qui gouvernent.

Le commerce, ainſi que la remarqué un homme (a) de génie qui a écrit ſur cette matière, ſeroit inutile

____

(a) M. Hume. Voyez ſes diſcours politiques.

à une nation qui, bornée à elle-même, n'auroit aucun voisin ou aucune affaire à démêler avec eux. Il suffiroit que les citoyens échangeassent leurs denrées & leurs marchandises, & que, pour faciliter les échanges, ils convinssent entr'eux d'une monnoie, ou d'un signe réprésentatif qui en tiendroit lieu. Il seroit inutile à ce peuple d'avoir un grand commerce au déhors & d'acquérir des richesses. En voyant multiplier l'or & l'argent, le particulier ne seroit pas plus riche, parce que le prix de toutes les choses dont il auroit besoin, augmenteroit à proportion de l'accroissement des richesses & du luxe. On sent bien que le rafinement des plaisirs, les voluptés, le luxe, l'élégance que produit le commerce, ne font point un motif pour le faire entreprendre : tous ces biens si nécessaires aux hommes quand une fois ils les ont connus, ne contribuent point réellement à leur bonheur.

Mais dès qu'une nation est exposée à faire la guerre, qu'elle doit entre-

tenir des armées pour fa fureté, &
ne peut les faire agir fans des depences confiderables; il faut néceffairement qu'elle ait les inftitutions
de la République Romaine, que la
guerre enrichiffoit, ou que le commerce multiplie fes richeffes, procure
à l'état des revenus proportionnés
â fes befoins ordinaires, & des reffources abondantes pour les cas extraordinaires.

De ces principes, qui, fi je ne me
trompe, doivent paroître inconteftables, on doit conclure que le commerce le plus propre à enrichir un
plus grand nombre de citoyens,
puifqu'il eft le plus propre à donner
des fecours abondans, eft le plus
digne de la protection du gouvernement. C'eft donc le commerce
des Agriculteurs qui mérite la principale attention des politiques. Si on
n'encourage pas leur induftrie, on
pourra bien avoir quelques villes
floriffantes par leurs manufactures;
mais le corps entier de la nation
fera toujours mal conftitué. Le plus

grand nombre des citoyens vivra à peine dans fa misère. Et pour en tirer des fecours, il faudra le fouler avec barbarie.

La balance du commetce eft favorable à un état. Cela fuffit-il pour le rendre puiffant ? non fans doute. C'eft un médiocre avantage de gagner par fon commerce plufieursmillions fur fes voifins, fi le gouvernement n'a pas l'art de les faire circuler dans tout le corps de la nation, de forte qu'ils portent la vie & l'abondance dans tous fes membres. Ces richeffes tomberont dans les coffres d'un certain nombre de citoyens ; s'ils font avares, elle feront dans l'état comme fi elles n'y étoient pas ; s'ils font prodigues, elles produiront le luxe. Je foupçonne qu'il ne faut point confidérer le commerce fans les finances, ni les finances fans le commerce. Ces deux roues toujours unies de la machine doivent s'engrainer l'une dans l'autre pour ne produire qu'un même mouvement ; &, par malheur, nos livres de commerce &

de finance ont toujours un objet différent ; les uns n'indiquent que des moyens pour faire entrer de l'argent dans l'état , & les autres pour enrichir le prince , ou plutôt pour lui procurer toutes les sommes qu'il demande.

Quand on confidere le commerce comme un marchand , je ne fuis pas furpris qu'on faffe l'éloge du luxe. Mais pourquoi M. Hume , Philofophe & Politique , eft-il tombé dans cette erreur groffière ? Si le principal objet que fe propofe le gouvernement en favorifant le commerce, eft & doit être d'augmenter les forces d'une nation , & de la mettre en état de défendre fes loix & fes poffeffions contre fes ennemis , comment peut-on douter que le luxe ne foit pas contraire à cette fin ? L'argent qu'il apportera dans un état fera-t-il autant de bien , que les mauvaifes mœurs qui l'accompagnent y produiront de mal ? Qu'on ne craigne pas que j'étale ici tous les lieux communs de la morale : je fens que je m'écarte

trop de mon fujet , & je me bornerai
à faire quelques reflexions , qui per-
fuaderont , peut-être, que le luxe, loin
d'être favorable au commerce , eft
au contraire un fymptome de fa décadence (*a*) prochaine.

Une fuite néceffaire du luxe , c'eft
de rendre la main d'œuvre plus chère ;
&, puifqu'il augmente le prix des mar-
chandifes , il doit donc nuire aux
progrès du commerce , dont tout l'art
confifte à fe procurer un plus grand
débit en vendant à meilleur marché.
Puifque le luxe détruit le commerce
dont il eft le fruit , au lieu de chercher par quels moyens on peut l'encourager , ne vaudroit-il pas mieux
examiner s'il eft poffible de retarder
fes progrès ? Peut-être que la politique exigeroit qu'on ne favorifât que
de certains commerces , & qu'on ne
les protégeât que jufqu'à un certain
point ; car il doit y avoir une cer-

____

(*a*) Veut-on trouver une preuve complette de
cette vérité ? qu'on life *l'effai fur la nature du
commerce en général.* Par M. Cantillon. Le meilleur ouvrage , fans difficulté , qui ait été fait fur
cette matiere.

taine proportion entre cette partie
du gouvernement & les autres, pour
concourir toutes à la fois à une même
fin. Peut-être qu'un trop grand commerce est un aussi grand mal pour
un Royaume , qu'une domination
étendue sur de trop vastes provinces.
En écrivant sur le commerce, il ne
faut point penser au commerce seul ,
puisqu'il n'y a point d'état qui soit
purement commerçant.

Quelque briévement que je veuille
parler des inconvéniens du luxe, je
ne dois pas oublier qu'il rend inutiles
les richesses mêmes qu'il fait entrer
dans un état ; c'est le propre du luxe
d'appauvrir les plus riches citoyens ;
parce que leurs besoins sont encore
plus grands que leurs richesses, dès
qu'ils se livrent au goût des super-
fluités & de l'élégance. L'état est
obligé de ménager leur dépravation ;
il ne peut en tirer des secours qu'en
leur empruntant à gros intérêt ou à
fonds perdus ; & cette politique fu-
neste qui ne laisse espérer aux pauvres
aucune diminution dans les impôts,

augmente

augmente encore le goût des riches pour les dépenses inutiles, pendant qu'elle acheve de ruiner les familles.

Que les principes du Duc de Sully sur le commerce, étoient préférables à ceux de M. Colbert : du moins je le soupçonne ainsi. Mais quand nous aurions toutes les lumières néceffaires pour porter un jugement certain, je craindrois qu'il y eût peu d'hommes d'état affez vertueux pour tenter de marcher fur les traces du premier. Que les terres d'un Royaume foient mieux cultivées, qu'une forte d'abondance règne dans le dernier ordre des citoyens ; on ne l'appercevra pas, on ne daignera pas même y faire attention. Mais qu'une manufacture invente de nouvelles fuperfluités, on en étale les échantillons dans les Palais ; le miniftre qui la protége, eft furement loué comme un grand homme ; & peut-être n'a-t-il fait à l'état qu'une nouvelle plaie.

L

CHAPITRE XVIII.

*Des événemens extraordinaires. Réfle-
xions relatives à cet objet.*

LA politique reſſemble à nos jeux
mêlés de ſcience & de haſard ; &
comme un joueur ne gagne pas toutes
les fois qui joue contre un adverſaire
moins habile que lui , l'état gouverné par les principes les plus ſages ,
n'aura pas dans toutes ſes entrepriſes un ſuccès conſtant. La fortune
qui confond la capacité d'un joueur ,
par des combinaiſons ſingulières qu'il
eſt impoſſible de prévoir , ſe joue auſſi
quelquefois de la prudence des politiques. Ce n'eſt que dans une longue
ſuite de parties qu'un joueur habile
ſent ſon avantage , & triomphe des
caprices de la fortune: ce n'eſt auſſique
dans une longue ſuite d'affaires qu'un
état éprouvera la verité des principes
que j'ai tâché d'établir dans cet ouvrage. Qui ne ſçait qu'un peuple

destiné à faire la conquête du monde,
fut prêt à succomber sous les armes
des Gaulois & des Carthaginois ?

Ce qui fait paroître les malheurs
souvent plus grands qu'ils ne le sont
en effet, c'est qu'on se trouve presque toujours pris au dépourvu quand
ils arrivent. En commençant une entreprise, il est plus agréable de se flatter qu'elle réussira, que de s'inquiéter par des réflexions trop profondes.
En observant la situation actuelle des
affaires, on ne pense pas qu'elle puisse changer, si elle est heureuse; &
si elle est malheureuse, on se persuade
que le temps seul y apportera quelque reméde. Nous autres hommes
vulgaires accoutumés à sortir, pour
ainsi dire, de nous-mêmes, & à nous
élever au-dessus de nos préjugés,
quand nous pensons aux affaires
publiques, nous ne concevrions
point que cette sorte de nonchalance
fût le défaut le plus commun de ceux
qui gouvernent, si nous ne sçavions
qu'il est naturel à tous les hommes
de voir superficiellement & de faire

mollement, ce qu'ils voient & ce qu'ils font tous les jours. N'eſt-il pas vrai que, ſi dans les temps qui paroiſſent les plus heureux, les états ſe prépa-roient des reſſources pour les temps difficiles, il n'y auroit preſque plus pour eux de ces événemens effrayans qui ſemblent annoncer leur ruine? Le reméde aux maux les plus extraordi-naires ſe préſenteroit aiſément, au lieu que des Miniſtres, dont toutes les eſpérances ſont trompées, & qui ne ſe ſont jamais attendus à aucun re-vers, n'oppoſent que de la préſomp-tion, ou de la terreur aux caprices de la fortune.

Il y a des événemens extraordinaires qui cauſent une révolution ſubite, prompte & entière; il faut y oppoſer des moyens extraordinaires. Mais, je l'ai déja dit, en parlant de l'entrée du Roi de Pruſſe en Saxe, ce ſont-là de ces myſtères qui ne s'enſeignent pas. L'Hiſtoire moderne offre quelques exemples pareils; l'Hiſtoire ancien-ne, & ſur tout celle des Grecs en eſt pleine. C'eſt un grand courage, qui, dans ces occasions, entretient dans l'ame le calme néceffaire pour délibérer, & c'eft par la fupériorité de fes lumières qu'on démêle promptement ce qu'on doit efpérer & craindre. La terreur étoit répandue dans le Nord ; Charles XII avoit bien voulu faire grace au Dannemarc en lui accordant la paix : il avoit fait un Roi de Pologne, & il ne vouloit traiter avec le Czar qu'après l'avoir détrôné à Mofcou. Pierre le Grand eft incapable de s'humilier devant fon ennemi ; il voit qu'il n'a affaire qu'à un Héros qui veut tout devoir à fon courage, & dont la valeur fe croit fupérieure à tous les événemens ; fur le champ il ofe efpérer que fes Mofcovites, à peine difciplinés, battront les Suédois, & & qu'il apprendra lui-même de fon ennemi, l'art de le vaincre. Il n'y a prefque point d'affaire défefpérée pour un état puiffant, qui a pris la réfolution de s'enfévelir courageufement fous fes ruines.

Quand le danger dont on eft menacé, eft imminent, le falut de l'état doit faire alors sa suprême loi. Il n'est plus de syftême, d'ordre, de règle générale à quoi il faille se tenir attaché. Mais quand le danger n'est point imminent, il est sage de moins recourir aux moyens extraordinaires qui peuvent alors aigrir le mal, s'ils ne réussissent pas, que de suivre, pour l'arrêter, les principes par lesquels on auroit pu le prévenir. Un petit esprit croit toujours être dans le cas des événemens extraordinaires, & il recourt d'abord aux moyens extraordinaires, parce qu'il ne sçait pas employer ceux qu'il a naturellement sous la main. Deux causes jettent un état dans une situation périlleuse ; l'une, lorsque son ennemi, par les talens supérieurs avec lesquels il emploie ses forces, semble les doubler, & même les tripler ; l'autre, quand il s'éleve à la fois contre lui plusieurs puissances considérables qui conjurent sa ruine. Dans le premier cas, le courage doit être patient. Il ne faut chercher qu'à lasser son ennemi ; le génie qui lui a fait trouver en luî-même des ressources

pour commencer une grande entreprife, ne lui a pas donné les forces
réelles qui font néceffaires pour l'a-
chever, & chaque jour doit épuifer
fes reffources. Dans le fecond cas,
jamais des alliés n'ont un intérêt fi
égal d'agir de concert, qu'il foit impoffible de les divifer. Plus ils fe
croyent fupérieurs à leur entreprife,
moins ils font unis ; ils doivent fe propofer une objet différent, & leur premier fuccès les rendra fufpects les uns
aux autres. C'eft cette jufte confiance
qui foutint autrefois la République de
Venife contre la ligue formidable de
Cambray,& qui la fit enfin triompher.

Je ne parle point ici d'une puiffance que fa mauvaife conduite auroit fait
méprifer de fes voifins. Comme elle
ne fçauroit fe fervir de fes forces en-
gourdies, & qu'elle eft auffi incapable d'avoir du courage, que de profiter des événemens favorables que la
fortune & le temps peuvent amener,
elle doit acheter fon falut par de
grands facrifices ; ou fi fes ennemis
font implacables , elle doit périr ;

car la politique , ainsi que la médecine , n'a point de reméde contre de certains maux.

Il y a des circonstances où , quoiqu'on puisse faire , il faut nécessairement commettre une faute. Le grand homme gémit , & après un mûr examen , prend le parti qui l'expose aux moindres inconvéniens. Un Ministre stupide n'apperçoit pas le danger de sa situation; il agit parce qu'il ne voit pas qu'il fait une faute ; & quoiqu'il fasse , il est plus utile à l'état qu'il gouverne , que cet homme indécis qui découvre tous les inconvéniens de toutes les opérations qu'il peut tenter , & qui , ne pouvant se résoudre à faire une faute légère , en fait une énorme , en ne prenant aucun parti.

Après la mort de Louis XIII , la Reine , Régente de France , confia l'administration des affaires à l'Evêque de Beauvais , son confesseur. Ce Prélat , homme de bien , se mit dans la tête que la France ne devoit avoir pour alliés que des Catholiques , si elle vouloit que Dieu fît prospérer ſes affaires. Dans la premiere Audience qu'il donna aux Ambaſſadeurs des Provinces - Unies , il leur propoſa donc pour article préliminaire du renouvellement d'alliance , que leurs maîtres cruſſent à la tranſſubſtantiation, & fiſſent chanter la Meſſe à la Haie. Je ne crois pas que les Miniſtres Hollandois euſſent pu ramener à la raiſo n un homme qui en étoit ſi éloigné ; il n'étoit queſtion que de le couvrir de ridicule en publiant ſes demandes. Quand un pareil travers ne ſe trouve que dans un Miniſtre , le mal n'eſt pas grand ; ſa diſgrace, preſque infaillible , rétablit bientôt le bon ſens dans ſes droits. Mais ſi cette eſpèce de vertige ſe trouvoit dans un Prince qui ſe piquât de gouverner par lui-même , quelle reſſource reſteroit-il pour nouer une négociation raiſonnable ?

Je ne finirois point ce chapitre, ſi je voulois entrer dans le détail de toutes les différentes ſortes d'événemens extraordinaires qui peuvent changer la face des affaires , & produire des révolutions inattendues dans les négociations & les alliances. Il faut me contenter d'en dévélopper les principales caufes. L'une, c'eft la nature même de la plûpart des Gouvernemens établis en Europe, qui ne permet pas, ainfi que je l'ai dit, d'y avoir des principes fixes & conftans; l'autre, c'eft la négligence de la plûpart des hommes qui gouvernent. Ils fuivent leur routine, au lieu d'être attentifs aux changemens qui furviennent dans les intérêts des états, & furtout dans la manière dont ces intérêts font envifagés par des Princes d'un caractère différent qui fe fuccédent, ou qui donnent tour-à-tour leur confiance à des Miniftres timides, entreprenans, modérés, ambitieux, avares, prodigues, inftruits, ou peu éclairés.

» La meilleure méthode pour ju-
» ger des véritables réfolutions d'un
» état, dit M. le Chevalier Temple,
» c'eft de s'appliquer à connoître le
» tempérament, l'efprit & l'humeur
» des Princes, & des principaux Mi-
» niftres qui ménagent les affaires. »

Rien, sans doute, n'est plus sage que cette règle pour prévenir les maux ; mais elle ne suffit pas pour les arrêter, lorsqu'ayant été négligée à la fois par les principales puissances , l'Europe est tombée dans une confusion extrême. Il n'est plus temps alors de juger du caractère des Princes & des Ministres. Ils n'en ont plus ; les événemens les emportent malgré eux : le hazard décide de tout.

Un homme est-il appellé dans ces circonstances pour apporter un reméde aux maux publics ? sa première règle doit être de ne compter que sur les forces seules de l'état qu'il gouverne , de se proposer un objet qui soit proportionné aux ressources qui lui restent , & pour donner une assiéte fixe aux esprits encore agités , de s'attacher plus fortementque jamais aux principes les plus incontestables de la politique.On peut aussi dans ces occasions recourir avec succès à des moyens extraordinaires; mais tout seroit perdu, si un

L vj

Miniftre préfomptueux prenoit pour du génie ce qui n'eft que l'ouvrage d'une audace étourdie, ou d'une rufe mal concertée.

CHAPITRE XIX.

Du choix des ambaffadeurs & des autres miniftres du fecond ordre. De la correfpondance qui doit être entre eux & le gouvernement qui les emploie.

SI on fe bornoit, ainfi que je l'ai déjà dit, à confidérer l'art de négocier relativement aux fonctions & aux devoirs des Ambaffadeurs ou des Agens du fecond ordre, on n'auroit guères d'autre règle à prefcrire aux négociateurs, que celle de n'avoir aucune manière fixe de procéder, & d'emprunter, felon le befoin, toutes les formes propres à avancer le fuccès de l'affaire dont ils font chargés. Les paffions, les préjugés, & l'ignorance, fe combinent de tant de manières & prennent fouvent des formes fi bifarres & fi extraordinaires qu'il n'eft point d'écrivain qui puiffe fe flatter de les fuivre dans toutes leurs métamorphofes , & de prefcrire dans tous ces cas une conduite particulière.

Je ne m'arrêterai pas à parler en détail de toutes les qualités néceffaires pour former un Ambaffadeur parfait ; je peindrois un homme qui n'exiftera jamais : & , quand on le rencontreroit enfin ; il y auroit bien des circonftances où il feroit dangereux de l'employer. Suppofez - lui les connoiffances les plus fublimes du droit naturel & du droit des gens : qu'il ait étudié avec foin tous les gouvernemens de l'Europe , & pénétré tous les fecrets des intérêts des Princes ; qu'il connoiffe leurs engagemens , leurs forces , & leurs reffources ; que fon efprit jufte , étendu & fécond voie les objets en grand , & ne néglige pas les détails ; que pourriez vous efpérer de fes fervices , en l'envoyant dans une cour remplie d'intrigues , occupée de fes plaifirs , qui ignore fes intérêts , & où tous les yeux ne voyent dans les affaires que les minuties qu'il n'y faut jamais voir ? Ce grand homme paſſeroit pour un pédant ridicule. Il y a bien des circonſtances où l'homme médiocre eſt celui qu'on doit choiſir; il y en a même où un vice de caractère & un travers d'eſprit ont ſervi avantageuſement. Mademoiſelle de Kerroual avec de grand yeux , une petite bouche & une taille légére , négociera mieux à la Cour de Charles II , que ne feroient tous les Plénipotentiaires de Munſter. *A un Prince libertin* , diſoit un Miniſtre , *j'envoye un ambaſſadeur qui ne lui ſera pas inutile dans ſes parties de plaiſirs.* Ce politique d'un ordre ſingulier , partit , réuſſit , & devoit en effet réuſſir.

Dans les temps de calme où les puiſſances ne ſont occupées qu'à s'obſerver , le conſeil de chaque Prince n'a beſoin que d'être inſtruit fidellement de ce qui ſe paſſe chez ſes voiſins , pour être en état de meſurer ses démarches avec plus de justesse. Qu'elle est la situation de leurs finances, de leur commerce & de leurs forces? Quelle est en particulier la capacité de chaque Ministre & son crédit ? Un homme capable bien voir ce qui se passe sous ses yeux, & d'en rendre un compte exact, peut-être dans ces circonstances un bon Ambassadeur. Mais ne suffit-il plus d'être un temoin fidelle qui dépose, & faut-il commencer à agir ? Les talens deviennent nécessaires, & doivent être différens suivant la difference même des conjonctures dans lesquelles on traite. Ici le flegme réussira, là il faudra agir avec vivacité. Plus les affaires so nt importantes , plus les connoissances doivent-être étendues. Quand il est enfin question de prévenir une rupture , de former une ligue pour faire la guerre , ou de terminer des différends par une paix definitive , il seroit à souhaiter que les Ambassadeurs eussent tous les talens qu'exige le ministère même des affaires étrangères.

Ce n'eft point de la fageffe feule
avec laquelle eft formé un plan de
négociation , que dépend fon fuccès. Un Miniftre habile peut même
quelquefois employer un Ambaffadeur
digne de lui , & ne point réuffir :
c'eft que la relation qui doit être entre
eux contribue beaucoup au fuccès
heureux ou malheureux d'une négociation ; & il eft rare que cette
relation foit telle qu'elle doit être.
Pour l'établir , il faut commencer
par donner à un Ambaffadeur une
inftruction bien faite , c'eft-à-dire,
qu'elle renferme une expofition fim-
ple , quoique détaillée , du projet
général que médite un gouvernement,
& de l'objet particulier que fon Agent
doit fe propofer dans fa commiffion.
Si le négociateur n'eft pas inftruit de
l'affaire générale dont fa négociation
ne forme fouvent qu'un petite partie,
il n'agit qu'en la tâtonnant , il n'ofera
jamais rien prendre fur lui ; toujours
efclave de fes ordres ; dans la crainte
d'aller trop avant & d'être défavoué,
il faudra dépêcher autant de couriers

qu'on lui fera de propofitions différentes. Cependant l'occafion favorable pour terminer fa négociation
particulière, & même pour prendre
un parti qui eût été utile à l'affaire
générale, difparoît fans retour. On
eft peiné, en lifant les dépêches de
quelques Ambaffadeurs, quand on
voit qu'après avoir raifonné avec fo-
lidité fur un événement, ils n'ofent
fe décider, fous prétexte que l'enfemble
des affaires eft un myftère pour eux.
On plaint des hommes d'efprit d'être
réduits à devenir des automates :
Et peut-on ne pas blâmer un gouvernement qui s'applique à étouffer
les talens dont-il veut fe fervir ?

Quelquefois ce n'eft ni jaloufie, ni
ignorance, ni ridicule vanité de la
part d'un Miniftre, fi fes inftructions
ne préfentent que des vues vagues
& des ordres indécis. C'eft qu'il
faut quelquefois entamer des négociations avant que d'avoir pu fe faire
une idée claire, nette & précife du
but auquel on fe propofe de parvenir.
Il ne s'agit encore que de fonder la

diſpoſition des eſprits , d'examiner ſur quels fondemens on peut aſſeoir ſes eſpérances , & ſur quels principes on agira. Mais à meſure que les affaires viennent à leur maturité , les dépêches d'un miniſtre doivent corriger le défaut de ſes inſtructions , & dès qu'il a formé un plan il doit le communiquer.

Rien n'eſt moins ſage que de vouloir régler en détail toutes les demarches d'un Ambaſſadeur : il doit être le maître d'agir à ſon gré ; c'eſt au temps aux circonſtances , à l'occaſion de décider des moyens qu'il doit employer. L'inſtruction que Henri IV fit donner au Préſident Jeannin , nommé pour négocier la trève de douze ans que les Provinces-Unies conclurent avec l'Eſpagne , contient quelques avis généraux ſur la manière dont il devoit conduire ſa négociation ; *Mais le Roi entend* , lui écrivit M. de Villeroy dans ſa première dépêche , *que vous tiriez de vous même les principales inſtructions de ce que vous aurez à faire.* Le Cardinal Mazarin éprouva dans les Conférences des Pyrénées combien cette liberté est utile au bien des affaires. *Je vois, écrivoit-il à M. (a) le Tellier, que c'est un grand avantage pour les Rois, quand ils employent dans les grandes affaires des personnes, qui étant pleinement assurées de leur bienveillance, négocient hardiment, & n'hesitent point d proposer mille expédiens pour les terminer avantageusement.* Si un Prince confie ses affaires à des personnes qui n'ont aucune logique, il a tort ; mais si ses Ambassadeurs sçavent raisonner, pourquoi les empêcher de tirer des conséquences des principes qu'on leur aura donnes ?

On m'objectera sans doute que, pour se gouverner ainsi que je propose, il faudroit n'employer que des hommes sages, habiles, vertueux & discrets, & j'en conviens. Mais quel-peu étendu que soit un état, est-il donc impossible d'y trouver cinq ou six citoyens à qui on puisse confier

______

(a) Lettre du 30 août, 1659.

sans danger le secret d'une négociation, & qui ayent quelque étendue
& de la justesse dans l'esprit ? S'ils
n'ont aucune connoissance ni des intérêts de leur pays ni des affaires générales de l'Europe, c'est sans doute
la faute du gouvernement qui ne sçait
pas assés faire estimer cette étude,
& former des hommes d'état.

Il faut l'avouer, c'est souvent l'incapacité du ministre auquel les Ambassadeurs répondent de leurs opérations, qui s'oppose à cette commu-
nication de vues & de pensées si nécessaire au succès des affaires. Si ce
ministre sent la supériorité de l'homme
qu'il employe, il le craint, il est mal
à son aise. Moins il est digne de sa
place, plus il paroîtra jaloux de son
autorité. Moins il pense, plus il sera
attentif à cacher son ignorance. Les
discussions le gêneront, il donnera
simplement des ordres. Il affecte alors
un grand air de mystère, pour ne pas
laisser pénétrer son embarras, & voudroit qu'on crût qu'il a des arriere-
vues qu'il n'est pas temps de mani-

fester. Ses dépêches ne difent rien
ou fe contredifent, parce qu'il craint
de fe compromettre, ou qu'il veut
fe referver la reffource de défavouer
ce qui n'aura pas réuffi, ou de s'at-
tribuer ce qui arrivera d'heureux. Si
un Ambaffadeur n'a alors ni plus
d'efprit ni plus de courage que le
miniftre, c'eft un aveugle qui marche
au hafard, ou qui n'ofera agir. S'il
a des talens, il ne fonge qu'à fa fortune
particulière. Comme on ne lui a donné
que des ordres équivoques, il ne
rend compte de fes opérations que
d'une manière vague : il craint à fon
tour de fe compromettre; fes relations
font infidelles. Le Miniftre & fon Ambaffadeur cherchent à fe tromper, &
ils auroient befoin d'un médiateur qui
les rapprochât.

On fait d'étranges contes fur la
manière dont le Cardinal de Richelieu conduifoit les négociations. Pour
le faire paroître plus grand, quelques
Ecrivains peu fenfés le rendent prefque ridicule. Si on les en croit, ce miniftre étoit un politique fi profond,

qu'il trompoit fouvent jufqu'aux Ambaffadeurs chargés de fes ordres. Il
employoit plufieurs perfonnes à traiter
une même affaire , & chacune d'elles
n'en connoiffoit qu'une partie. „ Le
„ Comte de Bautru , dit M. Amelot
„ de la Houffaye , ne fe défabufa
„ qu'après la mort du Cardinal de
„ Richelieu , de l'opinion qu'il avoit
„ toujours eue d'être dans la plus
„ étroite confidence de ce Miniftre.
„ Le Libraire auquel il s'adreffa pour
„ faire imprimer les négociations de
„ fon ambaffade en Efpagne, nommé
„ Bertier , lui confeilla de s'abftenir
„ de les rendre publiques. Bautru en
„voulut à toute force fçavoir la raifon.
„ C'eft Monfieur, dit Bertier, que moi
„ qui étois à Madrid de votre temps ,
„ comme vous le fçavez , j'avois
„ ordre de traiter avec le Comte-
„ Duc d'Olivarez tout le contraire
„ de ce que vous y traitiez. Et fi vous
„ en doutez , je vas vous montrer
„ mon inftruction fecrette , fignée de
„ la main de M. des Noyers , qui
„ vous fera voir que , fi vous étiez

„ l'homme du Roi , j'étois celui de
„ M. le Cardinal ; & que par ce moyen
„ j'en défaisois plus en un jour que
„ vous n'en pouviez faire en trois
„ mois.

Je le comprends : il peut y avoir des occasions où un Ministre , soit pour son intérêt particulier , soit par la situation malheureuse des affaires, se trouve réduit à la dure extrémité de ne donner que de fausses instructions à un Ambassadeur ; ou que se défiant de ses talens , il employe un Agent obscur pour traiter les affaires dont il auroit dû être chargé. Mais qu'on négocie à la fois deux choses contraires, qu'un Envoyé secret détruise ce que fait un Ambassadeur ordinaire , c'est une absurdité que rien ne peut autoriser. La prétendue négociation du Comte de Bautru & de Bertier auroit deshonoré sans fruit le gouvernement de France. Quelle défiance une pareille conduite n'auroit elle pas donnée à la Cour de Madrid, & à quel signe le Comte-Duc d'Olivarez , auroit-il reconnu que le Cardinal de Richelieu auroit dans la suite négocié sérieusement.

Plus les personnes employées dans les affaires, sont portées à flatter les goûts du ministre & ne pas contredire ses vues, plus il doit les encourager à lui montrer la verité, quelque désagréable qu'elle puisse être. „ Don Estevan de Gamarre, „ dit (*a*) M. de Callieres, avoit „ servi le Roi d'Espagne un grand „ nombre d'années avec zèle & fidelité, tant à la guerre que dans les „ négociations, particulièrement en „ Hollande, ou il a été long-temps „ Ambassadeur. Il avoit un parent „ dans le Conseil d'Espagne, disposé à y faire valoir ses services, „ & cependant il n'en recevoit aucune „ recompense ; pendant que de nouveaux venus s'avançoient dans les „ plus grands emplois. Il se resolut „ d'aller à Madrid pour découvrir le „ sujet de sa mauvaise fortune ; il en „ fit ses plaintes au Ministre son parent, en lui déduisant ses longs &

(*a*) De la maniere de négocier. Chap. 14.

„ importans

„ importans services oubliés. Ce mi-
„ niſtre , après l'avoir paiſiblement
„ écouté, lui répondit qu'il ne devoit
„ ſe prendre qu'à lui-même de ſa diſ-
„ grace; que, s'il eût été auſſi bon
„ courtiſan que bon négociateur &
„ fidèle ſujet , il ſe ſeroit avancé
„ comme les autres qui n'avoient pas
„ ſi bien ſervi: mais que ſa ſincérité
„ s'étoit oppoſée à ſa fortune ; que
„ toutes ſes dépêches n'étoient pleines
„ que de vérités fâcheuſes au Roi
„ ſon maître, & à ſes miniſtres ; que,
„ lorſque les François avoient emporté
„ quelque victoire , il en faiſoit de
„ fidelles relations par ſes lettres; que,
„ quand ils aſſiégeoient une place ,
„ il étoit le premier à le mander , &
„ en prédiſoit la priſe , ſi on ne
„ donnoit ordre de la ſecourir ; que ,
„ quand un allié étoit mécontent &
„ dégoûté de ce que la cour d'Eſpagne
„ manquoit aux paroles qu'elle lui
„ avoit données, il la ſollicitoit avec
„ importunité de tenir ſes promeſſes ,
„ & l'avertiſſoit que cet allié étoit
„ prêt de la quitter, ſi on ne le ſatis-

M

„ faifoit : que les autres négociateurs
„ Efpagnols, mieux inftruits de leurs
„ propres intérêts & des moyens de
„ faire fortune , mandoient que les
„ François étoient des *Gavaches*; que
„ leurs armées étoient ruinées & hors
„ d'état de rien entreprendre; que, lorf-
„ que les troupes Françoifes avoient
„ remporté quelques avantages , ils
„ affuroient qu'elles avoient été bien
„ battues, & que fes ennemis fe dif-
„ pofoient à entrer en France ; à quoi
„ ce miniftre ajouta, que le Roi d'Ef-
„ pagne & fon confeil croyoient ne
„ pouvoir trop récompenfer ceux qui
„ leur mandoient de fi bonnes nou-
„ velles, ni aflez oublier un homme
„ comme lui , qui ne leur en mandoit
„ que de fâcheufes.

„ Alors don Eftevan de Gamarre
„ furpris de ce tableau de la Cour
„ d'Efpagne que lui fit fon parent :
„ Puifqu'il ne s'agit , lui répondit-il,
„ pour faire fortune en ce pays-ci ,
„ que de battre les François par de
„ fauffes relations , je ne défefpere
„ plus de mes affaires ; & il s'en re-

„ tourna aux Pais-Bas, où il profita si
„ bien des avis de son parent, qu'il
„ s'attira bien-tôt plusieurs *mercedes*,
„ pour me servir du terme Espagnol,
„ & il vit prospérer ses affaires à mesure
„ qu'il travailloit par ses dépêches à
„ ruiner en idée les affaires des
„ François.

CHAPITRE XX.

Des devoirs des Ambassadeurs.

La France a eu deux négociateurs
célébres, dignes de leur réputation,
mais d'un caractere opposé ; je veux
parler du Cardinal d'Ossat & du Cardinal Mazarin. Le premier négocioit
avec la plus grande vérité : la bonne
foi servoit de base à sa politique ; &
ne cherchant que dans la nature même
des affaires dont il étoit chargé, les
moyens de les faire réussir, rien de
ce qui leur étoit favorable, n'é-
chappoit à sa pénétration. Ses raisons
étoient toujours aussi solides qu'elles

pouvoient l'être , & tout son art con-
sistoit à les ramener sans cesse sous
les yeux de son adversaire , mais
sans affectation , & de la manière la
plus propre à le frapper. Quoique
d'Ossat négociât dans un pays où l'on
se pique de subtilité, & où l'on aime
à faire prendre le change à un négociateur en l'embarrassant dans de
longs détours, il demeuroit immo-
bile dans le poste avantageux qu'il
avoit d'abord occupé. Opposant la
verité à la ruse , & la patience
aux longueurs naturelles ou affectées
d'une Cour qui craint de se décider ,
il contraignoit son adversaire à revenir
à lui.

Rien ne peint mieux ce ministre ,
que la dépêche (a) admirable dans
laquelle il rend compte à Henri IV
des vues , des passions & de l'intérêt
de la Cour de Rome au sujet de
l'absolution qu'il y demandoit. ,, Le
,, Pape , dit-il , ne fera rien sans beau-
,, coup consulter. En cette Cour , ils
,, sont fort formalistes , & longs en

(a) Lettre du 23 décembre 1594.

„ toutes chofes.... Auffi , leur étant
„ tombé ès mains un fujet fi haut &
„ éminent , il ne faut douter qu'ils
„ n'en veuillent tirer tout ce qui fe
„ pourra pour l'affermiffement & ac-
„ croiffement de leur autorité, quand
„au refte tous feroient vuides de haine
„ & de malveillance , & que d'ailleurs
„ il n'y auroit point d'oppofition ni de
„ contradiction. Mais il y a encore
„quelques-uns fi tranfportés de haine,
„ qu'ils voudroient que cette grace
„ vous fuft accordée jamais à quelque
„ condition que ce fuft , & quelque
„ grand dommage & méchet qui en
„ deuft advenir à la chrétienté ;
„ outre que les Efpagnols & ceux qui
„ refteront de la Ligue , vous y don-
„ neront toutes les traverfes & em-
„ pêchemens qu'ils fe pourront ima-
„ giner.

D'Offat exhorte le Roi à envoyer
au plutôt fon Ambaffade , fans s'a-
mufer , ainfi qu'il lui avoit confeillé
auparavant , à traiter d'abord des
conditions fous lefquelles il l'en-
voyeroit. „ Je me fonde , dit-il ,

„ non tant sur l'équité de votre cause,
„ ni sur le devoir auquel vous vous
„ êtes mis & vous mettez , d'accepter
„ & subir toutes choses raisonnables
„ & faisables , ni pareillement sur les
„ expresses déclarations de bonne
„ volonté que le Pape & M. le
„ Cardinal Aldobrandin m'ont faites ;
„ comme je me fonde sur ce que
„ vous tenez & possédez , & plai-
„ derez saisi , tout ainsi comme
„ vous feriez , si vous plaidiez
„ un fief avec quelqu'un de vos
„ vassaux. Je me fonde aussi sur ce
„ qu'on n'a plus aucun moyen de
„ vous contraindre à faire chose qui
„ soit contre votre dignité , ni contre
„ votre profit, ou contre votre gré.
„ Votre Majesté , Sire , continue
„ d'Ossat , nonobstant les censures
„ & les armes dici , est une pos-
„ session du Royaume. " Il ajoute
que le Roi a été admis à la partici-
pation de tout ce que la Religion à
de plus sacré ; qu'il dispose des
Evêchés & des Abbayes , & que
ceux à qui il les confere en jouissent.

„ Par le refus , poursuit d'Ossat , que
„ fait le Pape de vous admettre , il
„ demeure de fait exclus lui-même
„ du premier Royaume de la chré-
„ tienté, & n'y peut rentrer que par
„ votre merci & par son absolution.
„ De façon qu'il ne s'agit pas tant
„ aujourd'hui , si Votre Majesté sera
„ admise réellement & de fait à
„ l'Eglise & à la Couronne , comme
„ si le Pape recouvrera en France
„ l'autorité qu'il y a perdue. Et, hormis
„ le point de conscience , le Pape ,
„ quant à toutes autres choses, a plus
„ de besoin que vous receviez son
„ absolution que vous même...
   „ C'est pourquoi la grandeur &
„ hautesse des demandes qu'on pourra
„ faire, du commencement, ne m'é-
„ tonne point. Car quand vos Am-
„ bassadeurs auront dit de bonne foi
„ tout ce que V. M. pourra faire ,
„ & rendu bonnes & valables raisons
„ pourquoi ce qu'on desirera de plus
„ ne se peut faire, il faudra bien qu'on
„ se contente de raison. Que si on
„ s'opiniâtroit par trop contre raison ,

„ & que vofdits Ambaſſadeurs, après
„ avoir dit & redit les cauſes juſtes
„ & néceſſaires que vous avez de ne
„ le faire point , & après avoir uſé
„ de toute modeſtie & patience, n'en
„ pouvant plus endurer , leur diſſent
„ qu'il ne s'en fera rien & qu'on ne
„ s'y attende point; que vous feroient-
„ ils? Quel moyen ont-ils de vous
„ contraindre ? . . . Sa Sainteté ne
„ peut ignorer les intérêts propres &
„ particuliers qui meuvent le Roi d'Eſ-
„ pagne ; & s'aime plus ſoi-même &
„ le S. Siége , qu'il n'aime quelque
„ autre prince ou état quel qu'il ſoit :
„ & pour ſervir aux cupidités d'autrui,
„ il ne voudra ſe ruiner ſoi-même &
„ ſes ſucceſſeurs.

Le Cardinal Mazarin devoit le
commencement de ſa fortune à l'intrigue. Formé à la plus profonde diſ-
ſimulation dans un pays où elle eſt le
premier mobile de tout , il en fit plus
d'uſage que jamais en gouvernant une
nation trop inconſidérée & trop im-
patiente pour n'être pas la dupe d'un
homme qui s'appliqueroit ſans relâche

à la tromper. „ Je ne voudrois pas,
„ écrivoit-il à M. le Tellier (a),
„ pendant qu'il négocioit la paix des
„ Pyrénées, qu'on fît un mauvais ju-
„ gement de la hardieſſe avec laquelle
„ je fais des propoſitions à Don Louis,
„ & lui offre de certains partis, faiſant
„ ſemblant d'inſiſter, afin qu'il les ac-
„ cepte ; parce que, quoique je ſçache
„ bien que s'il le faiſoit, nous en re-
„ cevrions du préjudice, je ſuis aſſuré
„ que nous ne courons pas le moindre
„ riſque, ſçachant bien, par la connoiſ-
„ ſance que j'ai de leurs intérêts & de
„ce qui les touche le plus qu'il eſt im-
„poſſible qu'ils le faſſent. Mazarin avoit
contracté l'habitude de ne marcher
que par des voies détournées, & d'af-
fecter de ne point s'embarraſſer de la
choſe qu'il deſiroit le plus. D'Oſſat
vouloit réuſſir, en développant ce fonds
de raiſon qu'on trouve dans les hommes mêmes les moins raiſonnables. Il
vouloit que ſon adverſaire fût honteux
de lui réſiſter, & qu'il crût qu'il ne

(a) Lettre du 30 août 1652.

cédoit qu'à la justice & à la raison, en lui accordant ce qu'il demandoit. Mazarin au contraire étoit en quelque sorte plus flaté de duper le Ministre avec lequel il négocioit, que d'obtenir ce qu'il s'étoit proposé ; & , vraisemblablement, il auroit été fâché qu'à la fin d'une négociation on ne se fût pas apperçu de ses finesses.

La manière du Cardinal Mazarin peut d'abord réussir : mais dès qu'un Ambassadeur a la réputation d'être fin & rusé, il devient par là même incapable de négocier dans toutes les occasions où il ne s'agit pas simplement de traîner les affaires en longueur , & d'empêcher qu'on ne termine rien. Ce politique décrié peut cacher sans doute les motifs qui le font agir & le but qu'il se propose ; mais on lui suppose alors plus d'arriere-vues qu'il n'en a en effet : on croit que chacune de ses propositions & chacune de ses démarches est un piége , & au lieu de travailler alors à terminer les affaires, il est inutilement occupé à combattre les chi-

mères que son ennemi s'est faites
& sa négociation en est toujours aux
articles préliminaires. Si Don Louis
de Haro n'avoit pas été un homme
très-médiocre, il auroit attendu pa-
tiemment pour traiter, que le Cardinal
Mazarin eût épuisé ses finesses; & il
l'auroit confondu, en acceptant les
partis qu'il lui proposoit. Ce n'est
point par ses subtilités, c'est malgré
ses subtilités, que le Cardinal Mazarin réussit dans ses négociations.
L'étendue de ses connoissances & la
fécondité de son imagination à trouver
des ressources & des expédiens, ré-
paroîent le tort que lui faisoient ses
finesses; & ces qualités seules lui
donnerent l'avantage sur ses ennemis.

Les devoirs d'un Ambassadeur
sont bien importans. Il doit toujours
avoir présent à l'esprit qu'il est Ministre
de la paix & de l'union entre les
peuples. En tout temps il est obligé
de montrer la vérité à son maître;
& s'il voit que sa personne est in-
violable chez le Prince auprès du-
quel il réside, ce ne doit être que

pour prendre une idée plus re-
levée de la sainteté de son ministère.
Mais je m'apperçois que tout ce que
je dirois ici, est inutile. Qu'importe,
un long détail sur les devoirs des Ambassadeurs, si le gouvernement qui
les emploie, veut qu'ils y manquent?
Une puissance est-elle juste, am-
bitieuse, modérée, avide, inquiéte
ou tranquille? Son Ambassadeur aura
les mêmes vices ou les mêmes vertus.
Son avarice & son ambition lui com-
mandent également de songer à plaire
à son maître, soit en imitant sa bonne
foi, sa prudence & sa modération,
soit en flattant ses passions, ses caprices
& les travers.

Quels que soient les principes qui
font agir un Ambassadeur, son principal objet est de réussir dans la com-
mission dont il est chargé. Il doit
sçavoir présenter les affaires de la
manière la plus propre à gagner
les Ministres avec lesquels il traite.
Qu'il y a de l'art à conduire pas à pas
son adversaire ! de sorte que, préparé
à recevoir les propositions qu'il auroit

rejettées du premier abord , il ne les
regarde plus que comme une conséquence nécessaire de tout ce qui a
précédé. *Les raisons fortes & solides ,
dit un Miniftre (a) célébre , font ex-
cellentes pour les grands & puiffans
génies : mais les foibles font meilleures
pour les médiocres , parce qu'elles font
plus à leur portée ; chacun conçoit les
affaires felon fa capacité ; & il faut agir
avec chacun felon la portée de fon efprit.*
Excellent précepte , mais inutile pour
tout homme qui n'a pas des lumières
fupérieures. Il y a un certain ordre
qui rend les négociations aifées ; fi
on ne le fuit pas , on avance len-
tement ; & enfin, quelque difficulté
imprévue rend inutiles les articles
qu'on avoit déjà dreffés.

„ Je regarde, dit M. Temple dans
„ fes mémoires, les difputes fur le cé-
„ rémonial comme des impertinences
„ attachées au caractere d'un Ambaf-
„ fadeur , & qui doivent leur naif-
„ fance à des gens qui n'ayant aucun

(*a*) Teftament politique du cardinal de Richelieu. Seconde partie, chap. 6.

,, talent qui les rendît recommanda-
,, bles , ont voulu se faire valoir par
,, une exatictude & une délicatesse
,, ridicules sur les cérémonies. " En
effet je soupçonne qu'on seroit moins
attentif à soutenir sa dignité dans
des minuties , si on étoit plus capable
de faire attention aux choses qui font
réellement la grandeur , la gloire &
la prospérité d'un état.

FIN.